跟著無國界醫師走進世界廚房

從蒙古到非洲、義大利到台灣，
17 國的舌尖美味，世界友誼，愛的醫行路

賴向榮／著
林亭吟／繪

推薦序一

依「醫囑」，煮一道生平從未嘗試過的異國菜餚

吳念真 作家／導演

在您品味賴醫師的無國界盛筵之前，請容許我先提供小菜一皿。

多年前去荷蘭鹿特丹參加影展，有一天和幾個臺灣同行相約午餐。菜單一來發現上頭有個特別加框推薦的項目叫「傳統荷蘭食物」，菜名寫的是陌生的荷蘭文，不過內容描述用的倒是英文。

好奇之下我點了其中一道，內容物是這樣寫的：馬鈴薯泥，酸高麗菜和香腸。

你會怎麼想像這道菜？

應該和我差不多吧？就一個盤子放了一坨馬鈴薯泥，一坨酸高麗菜，中間彎著一根或幾根洋香腸，然後幾片生菜點綴顏色，應該是這樣沒錯吧？

錯了！

大約經過半小時左右吧，所有朋友們點的漢堡、三明治、義大利麵等等早已上桌下肚了，唯獨我的

菜一直沒來。

就在瀕臨焦躁邊緣的時候，但見一個壯碩的女服務生端著一大鍋東西從廚房笑咪咪地快步出來，也許鍋子的體積有點誇張吧，我當下完全忘了禮節，憋著笑說：「哇靠，竟然有人點這麼一大鍋東西？恐龍點的啊？」

哪知語音未落，那一大鍋東西就被捧到我面前來了！

隨之而起的當然是同行們爆出的充滿嘲諷、驚訝以及幸災樂禍的笑聲。

在笑聲中掀開鍋蓋，先看到的是一條剛好繞了鍋子一圈的粗大的香腸，而底下則是滿滿一鍋灰白色的東西！沒錯，就是馬鈴薯泥，然而……酸高麗菜在哪裡呢？舀了一大匙入口之後才明白，原來它被剁得碎碎地，就和在馬鈴薯泥裡頭。

菜單上所描述的完全屬實，只是和自己的想像畫面不同而已。

想像的根據是來自我對「餐廳餐點」的直覺判斷，而「傳統食物」意味著的則是外人並不理解的在地生活的真實。

那道菜的份量真的有點多，幾個人你一匙、我一匙地舀了半天還是吃不完。所有人的共同感覺是：馬鈴薯泥的酸味太過，但好像沒有加鹽，淡而無味，香腸則反而太鹹了一點。

之後的咖啡時間裡，一夥人開始「學術性」地聊起這道菜來。

有人想起梵谷的名畫「食薯者」，說畫的背景應該也是荷蘭吧？畫裡頭幾個莊稼人看起來都很粗壯，點著燭火的晚餐桌上好像就是一鍋馬鈴薯，其中一個人以滿是勞動痕跡的手指抓著一顆馬鈴薯，眼睛注視著它。

整幅畫最精彩的應該就是那個眼神吧？有人說那是一種極度疲憊之下的無神、視而不見，有人看到的則是面對貧苦的無力、哀怨……扯遠了，總之，最後眾人的結論是在這個土地低於海平面的國度裡，馬鈴薯應該是早年這裡最容易栽種、收穫的主食吧？酸高麗菜就如同我們的酸菜，不但可以長期儲存，更是最簡單、廉價的「下飯菜」，至於香腸當然是這鍋馬鈴薯泥的主角，但是它最主要的任務應該是以「美味的動物性蛋白質」的魅力引發你的食慾，把那一鍋淡而無味的馬鈴薯泥給全部塞進肚子裡，除了讓你「飽足」之外，也讓這些澱粉提供你下一次勞動所必須的熱量。

所以，這道「傳統荷蘭食物」其實就像早年臺灣勞動者的便當：一大盒的白飯，上頭是幾片醬菜，一塊鹹魚或一塊滷肉。

日常食物的背後顯現的往往是一個地區的環境特色和世界化之前的生活狀態。

不知道各位有沒有發現，許多傳統的台菜都有一個共同的「公式」，那就是「美味的動物蛋白質＋鹹料」，目地只有一個：好下飯，比如：菜脯蛋、蔭豉蚵、鹹菜鴨、瓜仔肉……看到這些菜餚你不覺得依稀就可以理解移民初期先民們生活的艱辛和因此所養成的儉約的習性？

因此，想要深一層去理解一個國家或地區的過往歷史和居民性格，從食物着手絕對可以觸類旁通，而且充滿驚奇和樂趣。

好吧，我承認這是我想推薦賴向榮醫師這本書的主要原因。

賴醫師以無國界醫師的經歷走過將近二十個國家之後所寫下的這本書的主題讓我意外地是，他寫的並不是他的善行義舉，而是食物。

當初，他說他想出一本有關食物的書的時候，我直覺的揣測是：以一個醫師身分和社會階層，他寫的應該是各種米其林星級的美食經驗吧？

都要跟著他的文字走完全程之後，才知道他想跟我們說的正是：透過食物我們可以更深層地去理解一個國家或地區的環境特色和生活面貌。

而我無法想像的是，他不但細心地篩濾出一個國家或地區的代表性食物、從食物的特質去理解環境和歷史文化的關連，他甚至還寫出許多食物的「食譜」，從材料、配料到烹調方法，鉅細靡遺，某些時候我甚至都會難以分辨此刻這個作者到底是個醫師還是廚師？以及……這個人在研究一道菜餚的時候用的已經是近乎「病理解剖」的了吧？

世界無比寬闊，到了一個年紀自己其實非常清楚這輩子所走過、看過的地方都將只是滄海一粟，感謝賴醫師讓我成為這本書最初的讀者之一，他除了讓我能以閱讀取代「行萬里路」去拓展視野之外，更

讓我能以想像享受了無數的美食，甚至幾度想去特定的地方採購特別的配料，目地只為在臺灣的廚房裡
依「醫囑」煮一道生平從未嘗試過的異國菜餚，並從中去認識、理解那個遙遠國度的環境和生活。

推薦序二

善於用異國私房料理說故事，做味蕾與文化探索的跨界奇人

瑪法達　「台灣食育協會」食育大使／星象專家

美食真是身心靈療癒的超級祕方，餐桌上的神奇魔法。而私房料理更像是帶著記憶溫度的美食，連結味蕾、情感與故事，暖心暖胃又療癒。賴醫師就是這樣一個善於用異國私房料理說故事，做味蕾與文化探索的跨界奇人，更可說是一位文化食神。

認識賴醫師是在米其林名廚江振誠的內湖 The Raw 餐廳的一場盛大聚會。遇見了傳聞中醫術精湛、更喜歡「用異國特色私房料理食譜書寫行旅札記」的料理神人。

主持人介紹長期支持公益團體的他，是一位代表台灣跨國行醫多年、足跡超過七十個國家的無國界名醫。特別的是，每到一處落腳行醫之餘，他一定以食會友，鑽研在地美食文化。與當地人建立友誼之際，還喜獲各方傳家料理傾囊相授。隨著他行醫天涯行蹤，幾年下來，書架上收集了滿滿的各國道地私房食譜。

回到台灣，他不時嘗試以擅長的國際私房料理創作，他會租用不同餐廳廚房和大廚一起做菜，號召美食同好同饗，以主題發表。那往往也是匯集各界名人雅士、企業菁英把酒論劍的一大盛事。

記得參加過一場名為「Mosul 烽火伊拉克」主題的晚宴。當時正值ＩＳＩＳ聖戰士恐怖組織以焦土政策圍城摩蘇爾（Mosul），該地戰火連天，到處滿目瘡痍、難民倉皇逃逸之時。賴醫師惦念著那裡曾經攜手一起為窮人看病的伊拉克醫師朋友安危去向未卜，感傷而做「為摩蘇爾祈禱」的伊拉克主題系列六道料理。

現場放著他收藏的伊拉克ＣＤ音樂，他還引據聖經，讀了一段感性文字：

「根據聖經，摩蘇爾是幼發拉底與底格里斯河交匯的地方（兩河文明與有名的迦勒底星象理論的發源地），傳說中的『伊甸園』與史書上亞述首都尼尼微所在。」

這個跟亞美尼亞一樣的原始基督教古城，在歷史更迭中已成回教主流。除了庫德人，其實還有相當比例的亞美尼亞人。人口七十萬，其中已有五十萬人出逃。飽受戰亂蹂躪，幾近亡城滅種的「伊甸園」，在烽火中成了「人間煉獄」，成了很令人觸目心驚的歷史諷刺。

賴醫師為晚宴取了「悲傷摩蘇爾」這個沈重的主題，戰爭、文化與歷史的遺憾與悲愴都融進食物裡了。

他說，想藉此獻給戰亂中不知所終的那些伊拉克醫師夥伴們。用記憶中的伊拉克滋味，紀念戰爭前的歲月美好與純樸。

當然，他的異國私房料理旅行札記還有其他好多說不完的故事。欣賞他的美食創作，味蕾愉悅與感

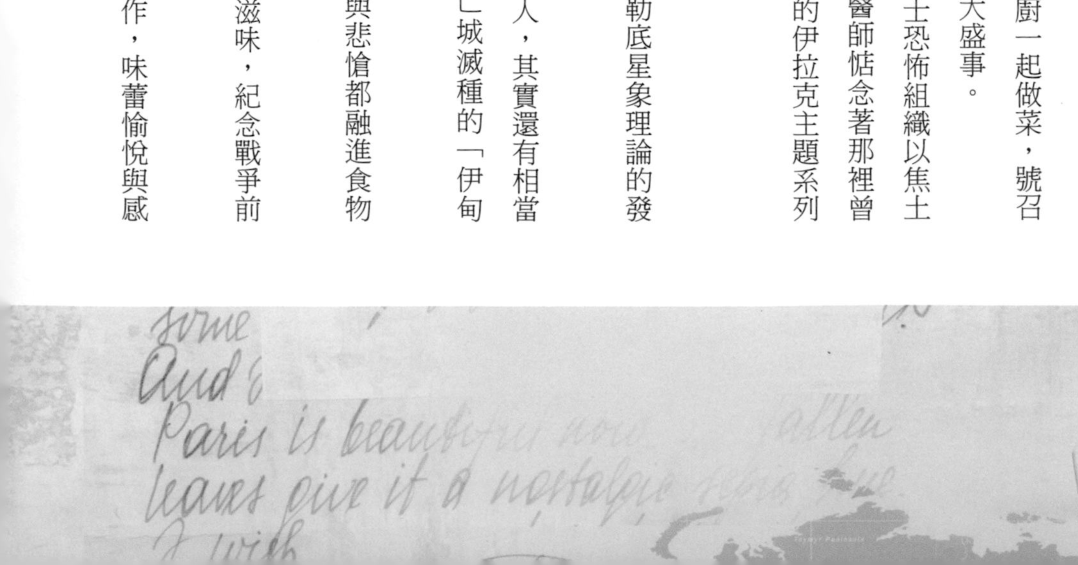

性溫度之外，還有一種人文的厚度。好友們也總是期待隨著他的私房料理發表，一起經歷一趟又一趟精彩的歷史與人文時空之旅。

推薦序三

愛，恆久遠！

謝秀芬　珠寶設計師

我們和賴醫師的關係說起來是介乎好友與家人之間，為什麼這麼說呢？我這幾年身體不只微恙，而是出了很大的問題，從就醫、研究資料和我的先生討論各種可能狀況，到參與術前說明，賴醫師一直以家人的身分出現。他不只是好朋友的關懷而且提出專業的意見與我的醫師討論。

然後這樣的情緣是如何發生的呢？

十多年前了吧，有個十二月三十一日的夜晚，我和先生從墾丁遊玩歸來；想吃日本料理，習慣性地挑了板前的座位，也禮貌性地和坐在我右邊的男士微笑點頭招呼。

奇妙的事情發生了，當我看到這位男士的雙眼，心中不禁想著：「好純淨的眼神，一定是個很好的人，我想要跟他做朋友。」

於是左轉問我先生：「我們可不可以請這位先生喝一杯 Sake 呢？他說當然可以啊！」於是坐我右手邊的賴醫師就成為我這輩子唯一主動搭訕，又請他喝酒的男人。邊吃邊聊才知道他是位醫師，喜歡旅行、喜歡烹煮料理，當下覺得是位生活經驗豐富又有趣的人。

成為好朋友之後，賴醫師每次出國回來總會做些新學到的料理與我們分享。從土耳其菜，到成都夫妻肺片，到客家美食；尤其客家小炒是我吃過最細膩有層次的，那可是一個食材炒出味道再加入另一種食材，層層堆疊以時間換取滋味，慢慢地溫溫柔柔融合在一起，在口腔裡跳探戈，你來我往挑逗個不停，甚是迷人。而且如果你吃過他做的當令果醬和自釀水果酒，那真是只有「幸福」兩字才足以形容的了。

賴醫師醫術醫德兼具，視病如親，很願意花時間和精神傾聽病人心聲，然後如偵查案子推理釐清，層層剝開直追謎底。他多年來尤其投入癲癇關懷工作，足跡遍及外蒙古等第三世界國家，還獲選為國際「癲癇大使」，是真正的台灣之光。

生命有時盡
愛卻恆久遠

這是我從賴醫師身上看到的人生意義，更感謝上帝賜給我一位有如天使般的摯友。

CONTENTS

推薦序一　依「醫囑」，煮一道生平從未嘗試過的異國菜餚——吳念真／作家、導演　002

推薦序二　善於用異國私房料理說故事，做味蕾與文化探索的跨界奇人——瑪法達／「台灣食育協會」食育大使、星象專家　007

推薦序三　愛，恆久遠！——謝秀芬／珠寶設計師　010

前　言　因緣際會　020

最深刻的記憶，來自不完美的點點滴滴　021

從擔心到陪伴，X小姐的長長生產之路　023

因為了解而支持，而為他們努力　024

擔任無國界醫師，認識世界友人和美食　027

「世界癲癇大使」和「社會成就獎」　029

菲律賓 *Philippines*

震撼！生命在這裡轉折 032
在杯盤狼藉的餐桌上，開始吃晚餐！ 033
西、美、日殖民＋菲律賓在地，飲食混搭風 036
回台灣的菲律賓餐桌 038

蒙古 *Монгол улс*

草原人家的豪氣、酒氣與飲食智慧 042
跟著熱血的大學生坐弋壁火車，為病人送藥 043
草原上的美食，離不開牛、羊、馬和酒 045
師生之間有一世的情緣 046

韓國 *Korea*

辣得突出，宮廷&平民美食都經典 048
破除歧見，從制度和社會文化慢慢改變起 049
宮廷料理，經典；泡菜，道地得很過癮 050

中國 *China*

醫緣上海和藏區，帶回川菜麻辣嗆 054

剛開放不久，處處飄著政治味 055

十多年後再連結，大不相同 057

去西藏路上，豈能錯過八大菜系之一（川菜） 060

異國的餐桌1 香、麻、辣，川菜餐會熱呼呼 062

法國 *France*

懷念在法國上廚藝課的日子 068

掙脫疾病束縛的好榜樣 069

騎單車上阿爾卑斯山，跟米其林餐廳大廚學藝 070

法國的菜市場賣的很不一樣 074

異國的餐桌2 14道盛宴圓夢——回台灣一起做菜，美食＋美酒話當年 076

不可遺漏好料理 084

非洲 *Africa*

黑奴、殖民史斑斑，食物融合亞洲香料味兒 088

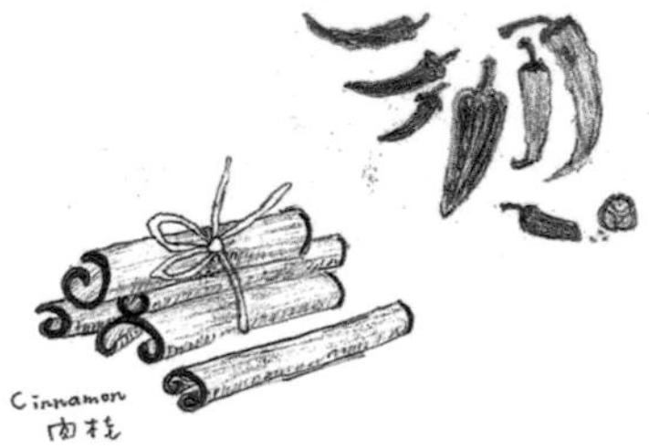

all spices
sumac
pepper

burghul
羊肉
salt pepper

在艱困的環境下做一些事情 089
歐洲人運香料經過這裡，食物也飄香 092
這裡有咖啡迷喜愛的味道 094
異國的餐桌3 辦一場非洲餐會，和好朋友分享歡樂 096

祕魯 *Peru*

印地安人也愛吃中菜？神祕小國有特色 102
來到熱情的國度，旅人小心安全 103
令人訝異的神祕小國：祕魯 104
異國的餐桌4 和同事分享南美洲的食物 105

馬來西亞 *Malaysia*

品嚐南洋美食，要先了解三大族和娘惹 112
融合馬來人、印度人、中國人、娘惹 113
為朋友慶生，辦一場馬來盛宴吧！ 115
異國的餐桌5 辦馬來西亞餐會，回敬當年教做菜的朋友 116

越南 *Vietnam*

異國風融合在地東方特色，無限味兒 122

分外珍惜大家能為台灣而努力 123

法國麵包、麝香貓咖啡、蜂甬、未出生的鴨仔蛋、小板凳美食 125

越南河粉，平民美食學問大 128

似曾相識的小吃料理，廚具創意和擺盤也有巧思 130

香蕉在食物上的用途比我們多 132

義大利 *Italy*

千年風華淬煉，大城小鎮各有姿態 134

當起臨時大廚，美食療癒家鄉的夥伴 135

羅馬大街和超市 137

遠離塵囂，千年小鎮裡的慢食、慢活 138

山城在地味和台灣家鄉味，比一比 143

吃，凝聚你我，凝聚了一家人 145

異國的餐桌6 **自己家中的義大利餐桌** 147

(佐) Cumber an 优格 Mint Salad

garlic

新加坡 *Singapore*

既國際化又有殖民色彩，還飄著海味 152
與台灣有相當良好的關係 153
魚頭、早餐、小吃攤，既相似又獨特 154
靠海的國際都市和殖民色彩，味道就是不一樣 156
異國的餐桌7 辦新加坡餐，共享香噴噴的中秋佳節 158

印度 *India*

人種、宗教、語言大熔爐，天堂和地獄的交界 162
天堂與地獄並存的國度 163
爭取，才有生存的空間 165
龐大的送便當機制，真是神奇！ 166
吃素人口世上最多，最愛鷹嘴豆 168

伊拉克 *Iraq*

走過人間樂土，憶友人，你好嗎？ 176
不再是上帝的應許之地了 177

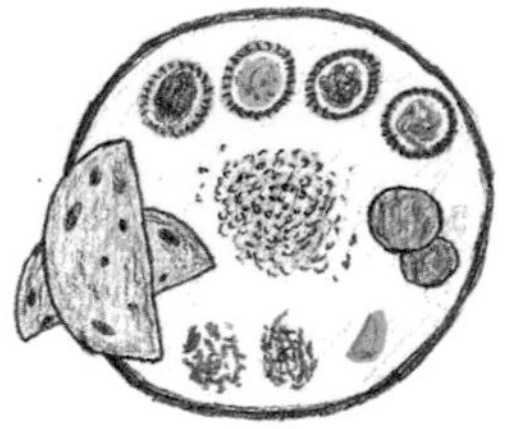

朋友們是否還安好？ 179
異國的餐桌8 連結記憶，決定做一次伊拉克餐會 180

日本 *Japan*

大和廚房，藏著人情與真滋味 186
在靜岡的樂事：喝杯茶、啖海鮮 187
跟著日本老師做學問，深入飲食文化 188
從人生哲學，到水果味咖哩，蕎麥麵，壽司 190
秋刀魚的滋味 193
非關美食，也是觀點 195
他山之石，台灣如何與世界接軌？ 196
以料理會友，大廚的創作帶來意外驚喜 198

美國 *America*

從台灣到德州、紐奧良，多元文化好滋味 206
美國人的守法精神，令人驚訝！ 207
美國文化和生活 209

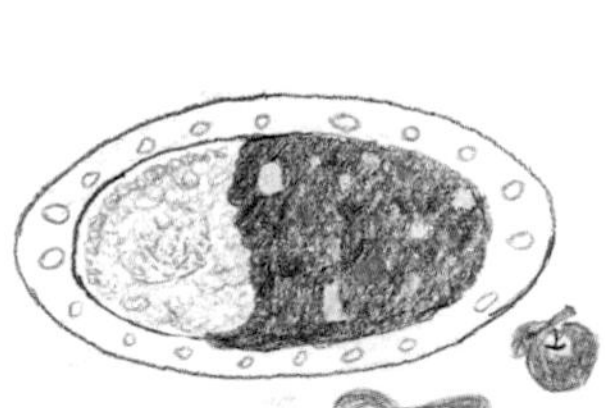

自己下廚，用台灣料理兜起聚會所 210
到紐奧良拜師學藝 212
中南美洲料理，最常見 Empanada 暖胃 214

土耳其 —— *Turkey*

東西熔爐，既衝突又搖擺，也是迷人！ 218
對伊斯坦堡充滿兩極的情感 219
逛大市場讓人覺得，一定可以做出很精采的料理 221
地中海邊喝花茶、吃點心，當地人非常快樂的享受！ 223
來份綜合甜點結尾吧！飯後到大市場挖寶 226
異國的餐桌9 **八方會** 228

台灣 —— *Taiwan*

回到原點，懷念家鄉味——客家菜 234
食物與人生都來自家的味道 235
異國的餐桌10 **客鄉義廚** 241

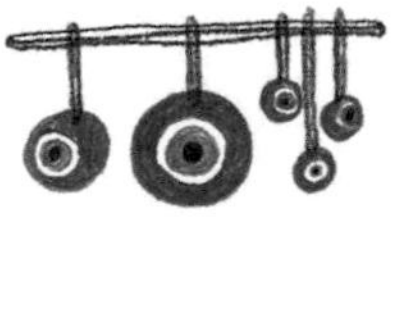

前言　因緣際會

作家洪醒夫在《紙船印象》中有段話，每個人的一生都會遭遇許多事：「有些是過眼雲煙，倏忽即逝；有些是熱鐵烙膚，記憶長存；有些是像飛鳥掠過天邊，漸去漸遠……」

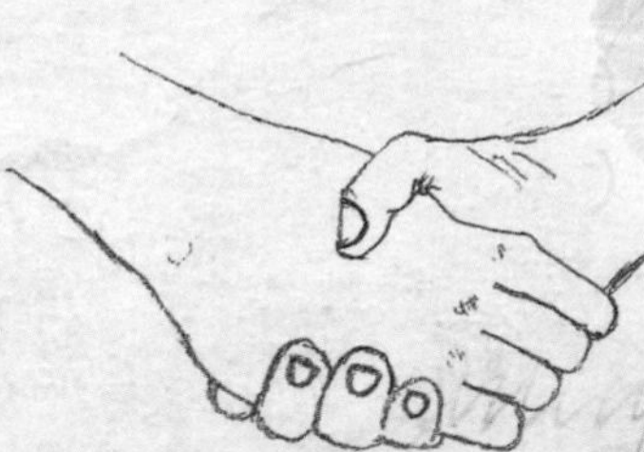

作家洪醒夫在《紙船印象》中有段話，每個人的一生都會遭遇許多事：「有些是過眼雲煙，倏忽即逝；有些是熱鐵烙膚，記憶長存；有些是像飛鳥掠過天邊，漸去漸遠……」，這些事情都是我們人生歷程的緣分，有些歷歷在目，有些走入我們深層的記憶裡，有些我們居然忘了，但有時像潘朵拉的寶盒打開，許多緣分會從腦海鮮明的浮現。

最深刻的記憶，來自不完美的點點滴滴

有一次和腳踏車隊騎高雄墾丁之旅，中午經過屏東省公路旁的佳東鄉小村莊，佳東鄉是屏東六堆客家聚落的左堆，在佳冬鄉裡沿街可以看到許多的粄條店，這是客家聚落的特色。

由谷歌地圖相中了一家粄條店吃中餐，當我點完餐先上廁所返回座位時，聽到老闆在問腳踏車友們，剛剛那位是賴醫師嗎？我看了一下老闆和老闆娘，他們興奮的大喊，真的是吔！連忙說：「你記得我父親曾XX嗎？」記憶深處的老先生馬上浮現，當下就表演老先生走路的樣子給他們看，他們連聲：「對、對、對！」老先生因為巴金森症有行動的困擾，看了好多醫生，因為只會客家話，無法讓醫生了解他的痛苦，藥物一直調整不好，我了解他的語言，聽他的痛苦，調整之後似乎大為改善，我想是因為他語言通而病情改善，至少他自己及家屬都有大幅的滿意，追蹤了好多年。有一次老先生的孫子來門診說阿公在睡夢中過世了，也就很多年沒見過他們了。老闆跟老闆娘喃喃說道，一定是他們爸爸的靈魂牽著賴醫師來到鄉下這裡的小店；從他們的眼神和動作可以看出，整間店似乎洋溢著快樂的氣氛，或許這就是我們記憶中的緣分吧！

由於佳冬鄉靠海，傳統的佳冬鄉粄條高湯是用鮪魚熬成，肉燥則是用鮪魚和豬肉混合而成，與絕大部分客家鄉鎮的粄條風味不同，湯頭不油膩，粄條裡可能放豬肝、鮪魚、蚵仔，不放豬肉片，可以吃得到海鮮味道。當天和老闆聊天，說我們中午十二時來怎麼吃不到粄條？只剩米粉？他說鄉下人起得早，早上五點半就有人敲門了，所以營業到下午二點，當天在我們之後到的客人，連米粉都吃不到了（賣完）！老闆娘說她要自己做粄條，下次一定要來，相信不久之後，我會再造訪的。

把這奇妙的緣分告訴了當住院醫師的學生，過了一星期她告訴我，老師，「你還記得三年前我們一起照顧過的腦瘤病人嗎？」她聽了我的描述後，假日去了同一家粄條小店，結果是店家顧用的店員認得我的學生，這個店員的父親住院時是我學生照顧的。我開始回想起來那位失明的老先生，他在中風和得腦瘤的時候，我都照顧過，難怪那天我到店裡時，所有的人都很快樂，原來是兩位老先生的靈魂引領我進入了這家鄉村小店的緣分。

人生中最深刻的記憶，往往是生活中不完美的點點滴滴，但卻是我們記憶中的完美；緣分就是這樣，往往是不順利的事情緣分最多。

從擔心到陪伴，X小姐的長長生產之路

X小姐在她十八歲左右因為腦炎併發嚴重的重積癲癇發作，在加護病房昏迷了一個多月，家人和我們醫護人員都很慶幸她能在鬼門關前繞一圈平安的出院，比較麻煩的是腦炎後的癲癇發作相當難控制（即使用了多種藥物）。小女生正值青春期，生活完全不受控制，愛玩愛熬夜，令她父母和我傷透腦筋。因為她也不按時服藥，每次都得勸說和討價還價，規勸正常的睡眠很重要等等應該注意的事項；不過每次都是在門診嬉笑，不知道有沒有聽進去。有一次鼻青臉腫的來到門診，告訴我車子撞壞了，被禁足了，還說，住在那裡沒車真的不方便，我只好跟她說，「了解我苦口婆心規勸沒控制好，不能開車是真的了吧！」她才慢慢的聽話。

經過了幾年，小女孩長大了，疾病控制也好了一些。有一次來到門診，很慎重的跟我說「懷孕了」，聽到這個消息本來是應該替她高興的，在癲癇控制困難的狀況下能有好的歸宿且勇敢懷孕，是相當值得喝采的事；但是事出突然，她服用多種藥物，是否會影響胎兒，令我擔心不已！她想勇敢的走下去，所以我特別拜託婦產科的同事多費心在高危險妊娠上的處理。在快生產前的一個月她來門診複診，要求我下個月不能出國，因為她快生產了，我在她比較安心！

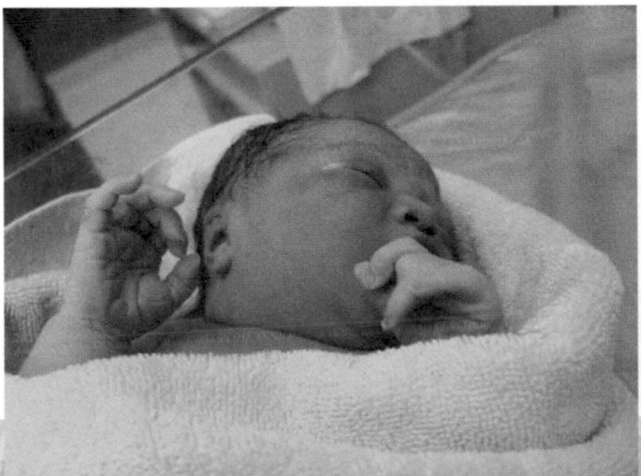

到了她生產當天，婦產科同事呼叫我快到產房，她快生了；當到達時，我發現她先生、男方家屬及女方家屬排排站在等我。我好奇的問她先生，「你應該進產房體會和一起加油的啊，」他們全部都異口同聲請我進產房，她就握著我的手生了第一胎。感受著她生產的痛及用力握手，是非常特殊的經驗，婦產科的同事也特別留下我們握手一起努力的照片。兩年多後，第二胎也是握著手順利的生產，之後看著日漸順利長大的一男一女小孩打打鬧鬧，心裡的擔心放下不少。經過好多年，最近她回診說，「不小心有了，」看來我又要擔心一次了！雖然在這個過程中充滿了困難，但在記憶裡總是非常的深刻。緣分的記憶常常來自於困難而且多變的遭遇。

因為了解而支持，而為他們努力

在照顧困難控制的癲癇發作上，碰到的不止是發作的問題。發作本身因為失去意識，等於失去了自我控制，那種突然在眾人面前醒來的狼狽、無助、害怕，本身就已需要很大的勇氣面對；而發作對生病者的人生歷程，包括求學，交友，婚姻，工作，交

通等等，都有更多的挑戰！以交通而言，在日本篇我們有談到，日本政府基於世界潮流及對癲癇的認識，已經放寬了經服藥兩年、沒有發作的癲癇病友，可以重新申請駕照；至於台灣，目前還是嚴格禁止所有的癲癇病患駕駛。對於癲癇這疾病，大部分的人並不了解，尤其癲癇發作時常有肢體的動作及失去意識，一般人可能因不了解而害怕，也可能因古老傳說的印象，甚至有歧視及標籤化的想法；這些社會印象及不正常觀念的壓力，讓生病的生命又多了一層負擔。

有的因為常常發作的關係，一個工作都做不久，職場上要面對的不只是自己的能力，健康的不確定性，常讓工作需要短暫的停頓，在跟同事、雇主互動時，也要大家相當的了解與幫忙。也有更多的病友可能因為更嚴重的發作，甚至很少出門，自我封閉，在經濟上變成弱勢的族群需要家人照顧；這些都存在我們的社會裡，需要更多人的關心。

一九九五年時，鑑於這個問題，老師施茂雄醫師在台北成立了台灣癲癇之友協會，主要是開始透過社會教育，例如書報、廣播、電視、雜誌以及之後的網路，希望傳達和教育一般大眾，減

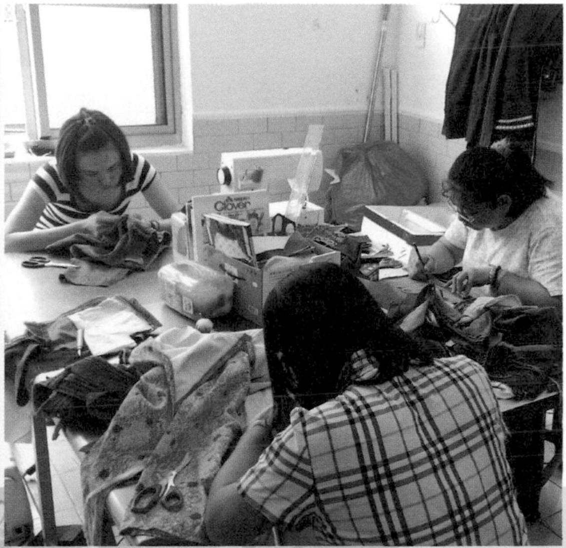

少對癲癇發作不正常的歧視及概念，使得癲癇病友在人生的歷程中，不因生病而承受社會上不對的對待方式。

隔年一九九六年，經由施老師的協助，以及高雄區許多熱心志工、病患家屬、病友、社工人員及醫藥同伴的合力，我們也成立了「高雄市超越巔峰關懷協會」的人民團體，開始南區的志願工作。一方面用以推廣癲癇的知識，家屬的支持，給予癲癇朋友的心理支持；另一方面也提供難治型的癲癇病友（不只在發作時控制困難）生活上更多的幫助，尤其是在工作上，他們需要很大的支援。

我們開始學習如何的經營非政府組織（NGO），向聯合勸募申請計畫推展社會工作，並開始和高雄市政府合作，逐漸有賣二手貨的小店和做些饅頭包子的小舖，讓真的有困難的病友們也有個舞台賺一點小生活費。在這個階段，由於花旗銀行在社會的影響，不只有聯合勸募的成功，也成功的輔導喜憨兒計畫，社會企業的模式在臺灣逐漸發展，有許多的基金會協助弱勢者以自己的力量幫助自己。

所謂的社會企業，廣義來說，就是一個用商業模式來解決某一個社會或環境問題的組織，例如：提供具社會責任或促進環境保護的產品及服務、為弱勢社群創造就業機會、採購弱勢或邊緣族群提

供的產品及服務等。其組織可以以營利公司或非營利組織之型態存在，並且有營收與盈餘。其盈餘主要用來投資社會企業本身、繼續解決該社會或環境問題，而非為出資人或所有者謀取最大的利益。「高雄超越巔峰關懷協會」也和高雄熱心的社會人士葉秀燕大姐，成功的為成立小舖及饅頭包子工廠辦了盛大的募款餐會，朝著自立自強的目標及社會企業的模式，向前邁進。

為了這小舖，我和協會的朋友們不斷的討論饅頭、包子，並且到許多著名的包子店試吃包子饅頭，對於麵糰其中的酵母、老麵、麵粉及發酵過程，有更進一步的了解。在眾多不同的包子中，要做出令人感動與懷念的內餡也是相當的挑戰，於是請教 Franco 大廚和大家試味道；在餡料的製作上，包括洋蔥的炒香及其甜味，蔥、薑帶給肉去腥及香味，豬肉部位要如何選擇及肥瘦的比例等等，都是學問。想要能夠自立自強，就要先把產品做好，從手工到半自動化，到量產及行銷。

擔任無國界醫師，認識世界友人和美食

二〇〇四年時，在老師施茂雄醫師的鼓勵下，我開始在國際癲癇局工作，一方面是學習其他國家的經驗，一方面將過去在台灣如何推展癲癇病友的生活品質提升，與其他國家交流。另外也幫忙一些經濟比較弱勢的國家，協助申請計畫，並且在計畫中推動癲癇的照顧，從亞洲、非洲到南美洲，結交了許多的朋友，有機會生活在一起，學習了不同的文化與飲食；這本書是將過去多年和世界上朋友們的一些交流，以及小時候從父母的家學中習得的，做一個食物的分享。

在國際癲癇局的任務中，我主要負責的是亞洲國家；在逐個國家拜訪及推動計畫的過程中，體會了

很多的事情。本書第一章，就是以菲律賓起頭，因為在那裡的感觸最多，之後也去了最多次，推動了數個計畫，算是有最深緣分的國家——始終記得那些洋溢著熱情微笑的臉孔及樂觀的個性。外蒙古的冰天雪地同樣令人難忘，雖然寒冷，人民卻有溫暖的心，我在有限的經費及資源裡，做了好幾個有意義的計畫，與他們一起，彷彿看到了年輕的希望。越南、寮國和柬埔寨，則是施力很困難的地方，雖然有友善的人民，但是要跨越鴻溝、組織非政府組織，是完全的禁忌，令人還感受到某些的壓力。

澳洲、紐西蘭、日本等先進國家有先進的社會制度值得學習；紐西蘭因為靠近一些太平洋的島嶼，有機會一起推動計畫做小島的照顧，連鄰近的中國和世界各國都可以見到它的崛起。中國已經從接受外援進展到援助外國的大國了；同樣多人口的印度，貧富不均，仍有相當多要努力的地方，鄰近印度的國家也都還在發展之中。這麼多年來到各國參訪執行計畫，感謝當地友人帶領我認識了他們的文化、食物，也教了我許多的菜，回到台灣才能分享他們的文化、友情與菜色給自己的家人、同事和朋友。

「世界癲癇大使」和「社會成就獎」

因為多年來推動在地和國際的癲癇照顧，二〇〇九年時世界學會頒發了「世界癲癇大使」獎項給我；到了二〇一五年世界學會在伊斯坦堡舉行世界會時，再次頒發了每兩年從全世界遴選出一位的「社會成就獎」給我。利用該次機會，我再度來到伊斯坦堡，順便學習了神祕的東西混合料理，這也就是後來我舉辦土耳其料理餐會的源起。

對於獲得世界最高榮譽的頒獎，真的是惶恐，國內外有太多的學者或是社會工作者比我優秀，貢獻也更多，怎麼樣也不應該輪到我。記得在到了伊斯坦堡領獎時，很不好意思的問會長，世界上有這麼多服務的人，為何輪得到我？他說了一句話：「有很多的國家幫你背書，而且選舉委員們也很珍惜有人能用自己的經費，不斷去這麼多國家拜訪做事。」

這讓我想到多年前剛到菲律賓餐會那一幕，我們要回歸初衷，用心、用自己的感情去關心他人，不要受到外在的干擾。或許，也就是從菲律賓啟動服務那一刻開始，帶給了我接續而來的所有緣分吧！

註：本書關於食譜材料的份量多寡，未加以標示，主要原因是從小到大做菜都不曾計量過，做久了，就知道應該放多少，因此沒有量化的資料。初學者請多多包涵。

2015 年 3 月 30 日，「世界癲癇學會」主席來信通知獲獎全文

International League Against Epilepsy
President
Prof Emilio Perucca, Italy
Email: perucca@unipv.it
International Bureau for Epilepsy
President:
Athanasios Covanis, Greece
Email: acovanis@otenet.gr

Dr Shunglon Lai
Department of Neurology
Kaohsiung Chang–Gung Memorial Hospital
Kaohsiung
Taiwan, ROC

Monday, 30th March 2015

Social Accomplishment Award

Dear Shunglon

The Social Accomplishment Award of IBE/ILAE is intended as recognition of outstanding achievement in the international struggle against epilepsy. Candidates, considered by the Joint Executive Committee of IBE/ILAE every two years, must have carried out outstanding activities aimed at the social or quality of life benefit of people living with epilepsy.

Those considered for receipt of the award will have been nominated by an IBE or ILAE chapter or by a member of the IBE or ILAE Executive Committee. Your nomination was submitted jointly by Dr Shang-Yeong Kwan on behalf of the Taiwan Epilepsy Society and by Robert Cole, IBE Treasurer and was supported by Mike Glynn, IBE President and by Susanne Lund on behalf of the Swedish Epilepsy Association..

It is with great pleasure that we now write to congratulate you on having been chosen to receive the Social Accomplishment Award 2015, to be announced during the Opening Ceremony of the 31st International Epilepsy Congress in Istanbul on 6th September 2015. This award consists of an engraved glass trophy; in addition your name will be added to the Halls of Fame of IBE and ILAE.

We hope that you will be able to be with us to personally receive your award, which will be presented during the Opening Ceremony in Istanbul.

As a recipient of the Social Accomplishment Award you will be entitled to the following:

- Free congress registration
- Free accommodation during the congress, which will be arranged on your behalf by the congress secretariat
- Economy class travel to Istanbul
- A stipend of $100 to cover incidental costs during the congress

If you are unable to attend the Awards Ceremony please appoint a representative to accept the award on your behalf. However, unfortunately, the provision of travel, accommodation and free congress registration is not transferable.

You will receive correspondence in the coming weeks giving you further logistical information on the congress and the awards ceremony. Meantime may we once again express sincere congratulations on this acknowledgement of your interest and work in the field of epilepsy.

Yours sincerely

Athanasios Covanis
IBE President

Emilio Perucca
ILAE President

「社會成就獎」表彰說明全文

About the Social Accomplishment Award

The Award for Social Accomplishment in Epilepsy is given jointly by the International Bureau for Epilepsy (IBE) and the International League against Epilepsy (ILAE). The Award will be made not more than once every two years. The Award is given to an individual to recognise his or her outstanding personal contribution to activities that have resulted in a significant advance in the social well-being and or quality of life of people with epilepsy. These contributions and activities should either have been performed at an international level or they should have had an international impact or significance. The Award reflects international peer recognition. It consists of an engraved glass trophy, to a maximum value of US$500, a financial prize of US$5,000, a certificate and the name of each recipient is added to the Award winners Hall of Fame maintained by IBE and ILAE. In the event that the Award winner is not already an Ambassador for Epilepsy, this additional Award will also be given but will not be counted as one of the maximum of 12 Ambassador Awards given that year.

Nominating Procedure

All IBE members and all ILAE chapters and all members of the Joint Executive Committees (JEC) of IBE and ILAE are eligible to each nominate one candidate in any two-year period.

Only eligible nominations will be considered for the Award.

The candidate must have made a personal contribution (either voluntarily or professionally) in a field of epilepsy that has contributed towards significant and permanent improvement in the social well-being and /or quality of life of people with epilepsy in an international context.

The contribution may be an act of singular importance or it may be a record of long standing successful contributions.

Examples of fields of activity include (but are not limited to) the following: –
Public education
Raising awareness of epilepsy to increase public understanding and acceptance.
Reduction of stigma
Legislative improvement
Employment
Education or training
Driving license regulation
Facilitating the empowerment of people with epilepsy

The activity to which the person has contributed must be at a national or international level or be of national or international impact or significance.
The candidates personal contribution to the success of the activity must be demonstrated.
Method of Assessment and Decision

Candidates will be assessed by the members of the JEC of IBE and ILAE.
When all candidates have been assessed, the members of the JEC will vote by secret ballot to propose the Award winner.
The decision of the JEC is final.
A maximum of one Award can be given every two years.

菲律賓

Philippines

震撼！生命在這裡轉折

本來想，菲律賓受西班牙殖民這麼多年，連晚餐也和西班牙一樣晚上八、九點才開始啊!?到了餐廳，是一個相當大的會所，像是我們辦婚宴的地方，裡面有二、三十桌，空無一人，桌面上就是一群人剛剛吃完飯的杯盤狼籍；隊友們說，我們開始吃飯吧，我才頓時會意過來，當然也就沒有留下照片，只留下深刻的醒悟。

在許多緣分裡，我想把菲律賓放在書的最前面章節，原因是，到菲律賓是我生命中很大一個轉折點，有些令我終生難忘的景象；這最令我難忘的景象，當時並沒有留下相片，其實那時候，也不適合拍照，所以後來在某個吃飯結束的場合，我留下了這張照片，當作一個意象。

在杯盤狼藉的餐桌上，開始吃晚餐！

這張意象該當作這本書的起點，照片的註角應該是杯盤狼藉；這是多年前留在心裡的一個震撼。當時在菲律賓，有進行一個將癲癇的知識翻譯成各種菲律賓俚語的計畫，為的是菲律賓有許多不同的俚語，許多人不懂其他的語言，因此將知識用不同的語言來傳達，以改善人們對於癲癇的偏見。我去到菲律賓看這計畫如何的執行，當時是去內格羅斯島（Negros Island）的巴科洛德（Bacolod）和獨魯萬市（Tacloban），這個地方後來在二〇一三年遭到海燕颱風襲擊，超過六千人死亡，是死傷最慘重的區域。

當時參與了他們計畫的執行，了解語言上的多樣性，也實際看到不同小島語言和習慣有所不同；而且在醫療上，因為交通不方便，對於疾病預防、治療或是知識的傳遞，都有一定的困難度。當地執行的人屬於志工團體，組成上有許多是癲癇患者的照顧者或者是熱心人士，他們在國民所得上遠低於我們，但是在人道參與方面絕對不輸給我們；然而，在推展活動的經費上是相當匱乏

的，很多活動需要醫師幫忙，經費上有很多也仰賴藥廠的援助。

在一個晚上，忙完一天的行程後，團隊友人告訴我，今天有菲律賓醫師的活動，晚上大家一起去吃飯。我就跟著他們，一直等到差不多八點了……，本來想，菲律賓受西班牙殖民這麼多年，連晚餐也和西班牙一樣晚上八、九點才開始啊!?到了餐廳，是一個相當大的會所，像是我們辦婚宴的地方，裡面有二、三十桌，空無一人，桌面上就是一群人剛剛吃完飯的杯盤狼籍；隊友們說，我們開始吃飯吧，我才頓時會意過來，當然也就沒有留下照片，只留下深刻的醒悟。

回想一下一般的社會現象，我們是否常只是看到表象，而沒有觀察到另一層現象或者另一層的生活呢？從杯杯盤盤的殘骸中似乎看到剛才酒酣耳熱的歡樂景象，斗大的標題有著藥商贊助醫學會的痕跡；而這群被治療者及熱心改善病人狀況的志工們，不才是真正的主人嗎？他們卻是在最後吃剩菜的一群！這個場景多麼的令

人震驚。

在很多場合上，不管是政治、醫療、工程，都會有廠商必須利益迴避的考量，這是社會上相當普遍的一個互動關係，在已開發或未開發國家都可以見到不同程度的規範（但是私底下或許有另外一層曖昧的關係）。以目的而言，在醫療上應該是以病人為出發點，考量病人的福祉為第一；但從這個餐會的安排來看，今天的酒酣耳熱是藥商贊助了餐會，醫師們有選擇權而享受了快樂的餐會，但真正是主人的病人們卻是在最後才安排來吃剩菜，這整個邏輯是完全不通的。

這件事情在日後行醫的過程中帶給我極大的影響，我們能不能以最重要的主角當成中心，而沒有受到許多利益的影響來左右我們的選擇。另外，我們在做一些善意的事情時，是否這件善意的行為只是某件商業行動的包裝，而自己只是一個棋子，這些都值得深思。

我開始在這些幫助第三世界國家的行程裡，完全使用自己的經費，用自己的力量或者感召身邊的朋友也一起去關心那些受苦的靈魂，希望整個世界能更好，當然也同時感謝這些幫助我，以及幫助許多活動的朋友們無私的付出。

經過多年後，我在這個領域服務世界上各個角落的朋友，以比較貼近人們生活方式的模式和他們相處，學習他們的文化、生活方式和食物，也學會了更多庶民的東西；尤其是這些外國朋友教我的一些食物，我回台灣也把它重做一次，和家人朋友們分享這些食物。這本書就以癲癇，一些人物，部分的風土以及他們的食物，作為一個融合的主軸，去描述一些我看到的生活。

西、美、日殖民＋菲律賓在地，飲食混搭風

菲律賓有七千多個小島，近二十種不同的語言、上億的人口，曾經過西班牙的殖民，宗教上是以天主教為主的國家，建築及教堂還保留了許多西班牙風格，後來美國代替西班牙接管了菲律賓。二次大戰時雖短時間被日本占領，但似乎並沒有受日本文化影響，二戰前後，美軍基地駐菲律賓有一段很長的時間，對菲律賓有較多的影響；在馬尼拉灣附近的馬尼拉飯店就是當時麥克阿瑟元帥的駐紮區，也曾是菲律賓獨立時總統的住所，裡面有個小展覽室，還有許多戰時和名人的資料。

首都馬尼拉，有漂亮的馬尼拉灣和現代化高樓大廈林立的馬卡蒂（Makati）。很難想像，菲律賓一億人口裡有一千萬人是在國外工作，國民所得將近百分之十由移工所貢獻，其中也包括眾多菲律賓外勞在我們台灣，城鄉與貧富差距是菲律賓相當嚴重的問題，或許這是移工的一個重要原因。在菲律賓四處走動時，雖然現代化交通工具已經很普及，但是民眾最常用的是共乘式的吉普車；因為語言隔閡的關係，我們要獨自使用，還是有相當難度的。在比較偏遠地區，可以見到許多的人還是以人力車作為交通工具。

菲律賓的食物因為四面靠海的關係，海產料理相當豐富，漁蝦蟹等海鮮料

理是為大宗，也可以吃到新鮮在地的生蠔、豪邁的烤魚、超級大的龍蝦和螃蟹，這和我們台灣四面環海的環境極為類似。菲律賓的食物除了天然賦予之外，文化的影響也帶給他們不同的風貌。雖然與中國隔了海，但是自古以來的海上交流，使得華人移民也帶來相當多的影響；華人常見的春捲，在台灣叫潤餅，但在菲律賓的語言裡稱為 Rumpia，也就是春捲，發音和台灣的潤餅幾乎完全一樣，應該是福建移民帶來的文化影響。

另外，在越南，也有著名的越南春捲，印尼和菲律賓一樣都稱為 Rumpia；甚至遠在荷蘭及比利時也有 rumpia 這個名稱，這可以追溯到當時荷蘭東印度公司從南亞帶回歐洲的食物文化影響。從食物的拼音來看，或許可以拼湊出一些食物的世界傳播；像是在菲律賓，廣東的燒賣稱作 Siomai，包子稱作 Siopao，扁食（餛飩）稱作 Pancit，這些應該都是他們接受了華人食物的外來語。

除了華人的影響，菲律賓受到西班牙人殖民多年，除了宗教上為天主教外，食物也相當多的受到影響，譬如著名的塞哥維亞（Segovia）烤乳豬，後來在菲律賓發展成為菲律賓名菜烤豬（Lechon），多是以全豬的方式在碳火上燒烤到皮酥脆；這道菜是菲律賓的國菜。

另外，西班牙海鮮燉飯也相當流行，但不是放昂貴的番紅花，而是改放 Kasubha 來代替它的顏色。在燉煮雞、魚、豬肉時用的是 Adobo 方式，是一種

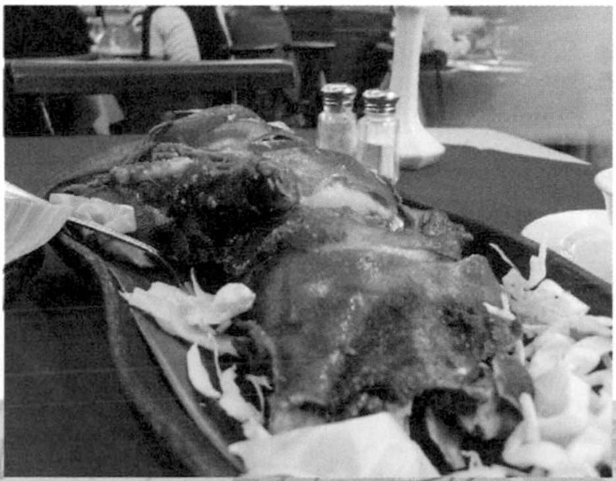

用酸、香草、椰奶的醬汁做成的西班牙文食物，酸以醋來烹調的 Adobo 方式，是西班牙與葡萄牙風格，後來在菲律賓發展而成，為熱帶地方增添了椰奶的風味。

美國在西班牙之後接管了菲律賓，在食物方面也帶來很大的影響；美式速食結合了菲律賓當地的元素，像是大型連鎖店 Jollibee 就有漢堡等很美式、又混菲律賓風味的東西。

回台灣的菲律賓餐桌

我們在台灣有許多的菲律賓外勞，但還是習慣教她們煮台灣的食物，很少人真的傾聽她們的聲音或是嚐試她們的食物，其實菲律賓食物也是相當的好吃，只是我們以自己的味蕾覺得自己的食物是天下第一，而她們就在這種狀況下成為了食物的外勞。回台後，我做了一些菲律賓菜，真是好吃！也讓我們以更寬闊的心胸來對待別人的食物，別人的文化。

醋漬海鮮 Kinilaw

這道菜和祕魯的國菜 Cerviche 非常的類似，這兩個地方都受到西班牙的影響。原以為是西班牙菜在東方及南美的姊妹版，研究以後才知道這是菲律賓的傳統料理，祕魯是用檸檬汁來熟成新鮮的魚和海鮮，但在菲律賓是使用醋或一些植物的酸（像是羅望子的酸）來讓食材熟成，這是兩個地方最大的區別。以酸熟成食物是古人的智慧與試驗，不同的文化卻有相類似的方式，是很有趣的現象。

Kinilaw 以鮮魚為主，也可以使用蝦、小卷、章魚等海產，有些地方甚至用肉，但肉則是用熟的，與魚用生的不同；至於配菜則以當地的蔬果像青木瓜、蕃茄、洋蔥等裝飾，這和祕魯用的是玉米也不同。這是兩個地區物產不同的結果，當然目前很多區域也是用檸檬醋滯魚生。

Adobo 雞肉

Adobo 是西班牙的一種醬汁及處理食物的方式。在十六世紀西班牙殖民時代，他們看到菲律賓人有以醋來做肉類的調理，就把這做法稱之為 Adobo，事實上菲律賓早有這種烹調方式，只是冠上了一個西班牙的名字，聽起來很像是西班牙菜。

Adobo 通常是雞肉或豬肉，也可以用魚加上醋、月桂葉、醬油、胡椒粒、蒜頭辣椒等放在陶鍋慢燉，也可以加上洋蔥、馬鈴薯或是鳳梨一起燉，是一個稍帶酸味的料理，和中式的糖醋料理有點像，在菲律賓中部地方通常也加入椰奶，會有不同的風格。

材料：雞腿肉、椰子醋、大蒜、胡椒粒、紅綠辣椒、月桂葉、醬油、椰奶

做法：❶雞腿肉切大塊甚至整塊，以皮的地方向下，在油鍋煎成黃金色。❷加入椰子醋、整個大蒜數顆、胡椒粒、紅綠辣椒、月桂葉、少量的醬油及椰奶，慢燉約 30 分鐘。

材料：❶台灣常見的生食級鮪魚或旗魚，或是其他可生食的魚貨像是小卷。❷薑磨成泥加上醋，有椰子醋最好，若無，用白酒醋。❸配菜方面可以用紅、白洋蔥、紅綠辣椒、蕃茄、柑橘。❹調味以鹽及胡椒。

做法：❶魚先切塊成塊狀，加入醋、薑、鹽及胡椒，放冰箱冷藏約 30 分鐘。❷配料如洋蔥先切細絲、綠椒先烤好、蕃茄及柑橘切小塊。❸魚好後擺盤作為涼菜。

Singang

是菲律賓最常見的湯，採用羅望子的酸度當湯的主軸來燉豬排骨；以三層肉為主，也可以用魚、牛、蝦等，湯中通常加蕃茄、小芋頭、秋葵、白蘿蔔、茄子及綠辣椒。

Singang 和 Lechon 及 adobo 及 Kinilaw 可以算是菲律賓的四大國菜，包括前菜、湯、燉料理及烤豬，前三道料理有兩道是醋的酸度，這道湯是羅望子的酸，這在赤道附近的幾個國家都有這共通點，越南及泰國的菜是以酸酸甜甜及微辣為主，菲律賓則是偏酸的調性，這應該是菲律賓主菜的特色。

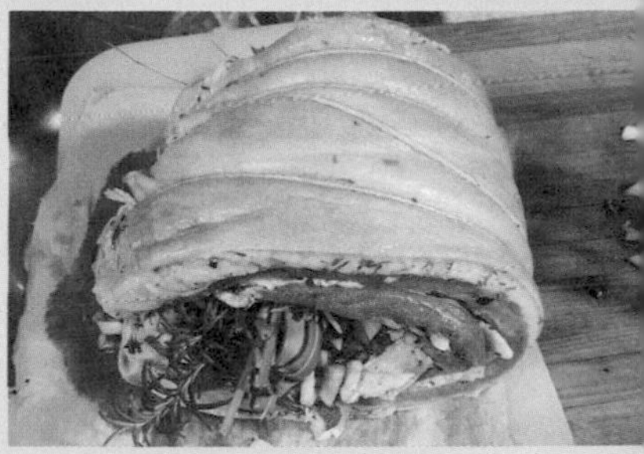

烤豬 Lechon

烤一整隻小乳豬到皮酥脆，是菲律賓節慶時常見的菜色，但是這在普通的廚房，以及沒有這麼多人的時候烤一隻豬並不大可能；可以買一塊腰部連皮的三層肉來做。

材料：腰部連皮的三層肉、蒜頭、香茅、迷迭香、紅蔥頭、紅洋蔥、胡椒、蘋果、橘子或味噌、鹽

做法：❶肉的事前處理：經過浸泡的肉再來烤，肉本身會有更深一層的味道。浸的醬汁為蒜頭、鹽、香茅切小丁、迷迭香，胡椒均勻的抹在肉上，放置冰箱冷藏一天。❷將新鮮的香茅葉、紅蔥頭、紅洋蔥、鹽、胡椒、迷迭香放在肉這一側，然後捲起來用蠅子綁緊成為圓柱狀，將皮擦乾，並風乾約 1 小時，然後在皮上以針刺小洞並涮油。❸將烤箱預熱到攝氏 175 度，將處理好的肉置入，烤兩小時。❹烤好後，準備鮮奶將豬皮刷一次，然後再放入烤箱中烤半小時到皮酥脆，這時可以將烤好的肉汁，加入蘋果泥或橘子等水果，或味噌來熬煮成為沾醬醬汁。❺待置放 15 分鐘，切片擺盤及沾醬上桌。

蒙古

Монгол улс

草原人家的豪氣、酒氣與飲食智慧

他們的燉羊肉麵，相當熟練；麵條在蒙古稱為Guril。準備中午的飯食時，先把麵粉加水揉好醒麵，再擀麵、切麵條，煮好拌入燉羊肉就是美味了，再配一杯馬奶喝，這是遊牧民族中午最快樂的享受了。

蒙古國在二十世紀初就已經獨立，經過四、五十年與國民政府及蘇俄的相互角力，蒙古有自己的語言與文字，後來因俄國扶植政黨控制外蒙，與俄國有深厚的關係，所以大部分的人會說俄語，近年英文已經較普級，年輕的一輩，英文溝通的能力也相當好了。

跟著熱血的大學生坐弋壁火車，為病人送藥

從韓國轉機到蒙古，發現韓國在蒙古有極大的投資，有些人韓文也通，街頭上有不少韓國的餐廳。蒙古地廣人稀，是世界上人口密度最低的國家之一，拜訪時大約兩百多萬人，目前應該有三百萬人，多數在烏蘭巴托，另外有很多逐水草而居的游牧民族（Herds）；很難想像在這種冬天酷寒、可以到零下四十度，夏天沙漠酷熱的環境，這樣的游牧民族還能夠生存。

來到蒙古，是參與他們的癲癇照顧改善計畫，拜訪了蒙古的癲癇協會會長——首都大學神經科的主要負責人。他也安排我前往蒙古衛生部拜會部長，部長很高興我以國際NGO的身分到蒙古幫忙他們對於癲癇照顧的推動；另外，知道我來自台灣，也談到一些蒙藏委員會與蒙古合作的計畫。

在蒙古的日子裡，除了在首都，也到了兩個近郊的都市。在近二十年前，蒙古的醫療還在起步，首都醫院的腦波機是日本癲癇中心贈送的光電（Nihon

Koden）腦波機，全國有一台核磁共振及三台電腦斷層，在當時並沒有很好的技術員協助做腦波，幸好我在住院醫生訓練的過程中有自己做腦波，在那裡我們就一起做腦波，討論病情，並且與當地的衛生機構，包括護士、當地區的醫生、學生合作做癲癇的宣導。

在這個過程中，發現許多人對於癲癇本身的認識和知識層面都亟待努力；至於在治療上當時藥物並不多，有癲通但是尚未有帝拔癲，藥物因為很貴，所以一般人不一定付得起。另外，因為地域廣闊，除了在首都醫療較完善，其他的小城治療及追蹤有相當大的難度；至於逐水草而居的遊牧民族，在治療上就更困難，在追蹤上也是一個問題。當時跟著熱血的大學生坐弋壁火車去找一位癲癇病患，做疾病的追蹤及送藥物過去；主要是病患牧羊、逐水草而居，無法到都市去看病，所以對於治療很難有延續性。

在火車上聽著學生彈吉他唱歌，讓我回想起年輕歲月與熱情。在這資源缺乏的地方，更容易看到這些熱情的眼神，這在我們交通便利的社會是很難想像的狀況；當時聽學生說，法國的賽諾菲藥廠將提供藥品給蒙古國使用，這對於他們是相當好的消息。

草原上的美食，離不開牛、羊、馬和酒

在蒙古，除了在首都和附近的城市，也到逐水草而居的遊牧民族家拜訪及體會他們的生活。在當地，牛、羊、馬是主要的放牧動物，每家都會有自製的馬奶酒，馬奶酒是新鮮的馬奶加上糖與酵母發酵而成，味道濃郁，主人最大的誠意就是端出自釀的馬奶酒和客人共飲；這酒除了濃厚的味道外，酒精大概有百分之十二左右。剛開始真的不敢領教，而且酒精濃度不低，喝下一大杯真的會有點醉意；但他們見面喝，午餐喝，晚餐喝，好像是台灣人在叫紅茶、綠茶來喝的文化一樣，這可能與蒙古緯度高、天氣酷寒有關。

在蒙古的尾夏初秋，白天溫度還有二十度左右，但晚上可以降到零度，除了馬奶酒，晚上大部分喝伏特加，和俄國有點類似，常常喝的牌子 Chinggis 就是取成吉思汗的名字；他們人口雖不多，據當地醫生告訴我，酒癮患者還不少。遊牧民族的食物以麵食如麵條，或水餃、羊肉或馬

肉為主，至於材火則是把馬糞收集好曬乾，就像我們小時候在澎湖用牛大便收好，黏在古式的石頭房子曬乾一樣的道理，原來以前人的智慧都是共通的。

還有他們的燉羊肉麵，相當熟練；麵條在蒙古稱為Guril。準備中午的飯食時，先把麵粉加水揉好醒麵，再擀麵、切麵條，煮好拌入燉羊肉就是美味了，再配一杯馬奶喝，這是遊牧民族中午最快樂的享受了。晚上的食物就比較豐富，有烤羊肉配上伏特加、馬奶酒等。烤羊肉的同時在烤爐裡放了一些石頭，這些石頭和羊肉一同取出盛盤，石頭可以保溫，羊肉在寒冷的晚上就不會太快冷掉；而且這些已經加熱的石頭可以加速肉的烹煮時間，這倒是遊牧民族一個相當有智慧的食物表現方式。晚上就睡在很大的蒙古包裡，中央有放個火爐，靠著火爐的溫暖才不至於在伏特加的酒意下失溫。

師生之間有一世的情緣

由於當時蒙古在神經科與癲癇診治的訓練上，需要相當大的幫忙，在我服務的長庚醫院也有相當友善的外籍醫療人員訓練計畫，於是向醫院申請了名額與蒙古的首都醫院合作，由他們派人來台灣受訓。

我們提供完整的一般神經、癲癇、腦血管及周邊神經的訓練，也指定了一些教材，學生除了跟著看病人，也要寫報告和討論唸書心得，我們也一起參加

台灣的癲癇學會、神經學會的活動，假日到東港騎腳踏車和吃海產。年輕的醫生回到蒙古後，聽說已經當神經科主任了。有一次到日本開會，一位蒙古的醫生碰到我，一直感謝我們，說多年前年輕的醫生回國時，我們送了一台腦波機給他們。

經過這麼多年，大家的情誼都在；或許這是年輕時在上海、日本、美國受訓的影響，師生之間有一世的情緣，也一生都將之成為最好的記憶。這或許也是我們在做國民外交最重要的地方——建立人與人之間的深厚情誼；後來到世界會的場合，聽到蒙古在報告他們癲癇醫療的近年發展，每次都會提到我們對他們的幫助，相信這些都是非常正面且值得做的事。

蒙古麵條 Mongolian Guril

蒙古麵條和土耳其麵（Eriste）、俄羅斯的 Lapsha 或是義大利麵，其實是同源的；蒙古麵條可以加醬料及燉好的肉乾一起炒，或是加上燉湯做湯麵。

材料：麵粉、水、鹽、蔥白蒜頭、肉

做法：❶先將麵粉加入水及鹽，用手揉成光滑，蓋上布，醒麵約 30 分鐘。❷醒好的麵糰用擀麵棍擀成薄片，灑麵粉在上，用刀子切成想要的寬度即可。❸做好的麵條在熱水約煮 4 分鐘撈出，還不要太熟。❹醬料：事先滷好的牛肉或羊肉或魚類海鮮，皆可用蔥白蒜頭炒香，加入滷汁及肉續熱。❺加入麵條續炒讓麵條吸收醬汁，待醬汁吸收完可加蔥綠或綠葉、紅椒裝飾上桌。

韓國

Korea

辣得突出，宮廷&平民美食都經典

因為韓劇的流行，對於宮廷宴大家耳熟能詳，但真正見識到時——大大小小的盤子上了好幾輪，各種不同的泡菜、肉類、湯品、飯類，算不清楚到底吃了幾道……，這和同緯度、氣候的日本比較，韓國對菜色香味呈現有很大的差異，倒是頗感意外。

經韓國到蒙古，順道安排拜訪韓國癲癇協會的會長，會長是大學的教授，到他的醫院拜訪，聊了一些韓國癲癇協會的發展，目前的現況和所碰到的困難。韓國在一九九六年舉辦了第一次的亞洲癲癇醫學會，癲癇的研究和治療相當先進；二〇〇一年他們的癲癇協會會長因為對於癲癇界的貢獻，被選為世界癲癇大史。

破除歧見，從制度和社會文化慢慢改變起

我到韓國很多次，從現代化的機場、建築物、便捷的交通、餐飲、汽車、家電、3C產品的蓬勃發展，見識到韓國經濟突飛猛進帶來的改變。會長也帶我到三星的未來世界參觀，在未來世界的家中，幾乎所有電器都已經與網路相連，從尚未回家即可先搖控家中的冷氣先開機，回家房間就涼爽了，見證到韓國這二十多年來經濟的進步，及未來可能有更大的競爭力。但會長的一席話卻令我感到呀異，他告訴我，韓國的癲癇病友們受到標籤化的歧視相當嚴重，罹患癲癇是一件相當羞恥的事情，病友當然是朝向封閉，不會和外界溝通、避免談到癲癇，要病人本身站出來為自己的權益發聲是相當困難的一件事，病友們通常活在疾病的陰影下。所以經濟的進步會改變一些外表的建設，但是文化就要比較長時間變化，至於一些根深柢固的偏見卻不是一時能夠改變，可能要透過教育才能逐漸改變人的看法。

在韓國，他們對於癲癇稱作癇症，是個帶歧視很深的字眼，從二〇〇七年開始，韓國就想要改變癇症這個受到歧視的名字；經過數年的努力，二〇一二年時，我得知了韓國經過大家的努力，已經建議教育部將癲癇症改名為「腦電症」，就是希望能夠改變人們對這疾病的固定印象，這是韓國在這方面非常重要的反省，希望透過教育來改變歧視，甚至是改變名稱，作為對抗岐視的努力。

在他們的努力中，我們其實可以看到，癲與癇這二字在八世紀時就已經在中國的醫書出現，後來又與羊、豬等動物相連，有所謂的羊暈、羊癲瘋，逐漸讓人認為癲癇與發瘋有點像的印象。這個名稱不只在中國，連鄰近的日本、越南、馬來西亞、韓國，都有類似的歧視狀況。我們在台灣也不斷做民眾教育，了解這個病是腦部電流短暫的不正常放電，是腦部短暫的不正常，和心律不整類似，一個是心臟不正常放電，另一個是腦部，並沒什麼大不了的，破除一般人的歧見。

宮廷料理，經典；泡菜，道地得很過癮

對於韓國的食物：泡菜、烤肉、辣年糕、海鮮煎餅、人蔘雞、鍋物、石頭拌飯，都是耳熟能詳的菜，有機會到韓國享受一下古典的宮庭宴是個很好的經驗。因為韓劇的流行，對於宮廷宴大家應該都耳熟能詳，但真正見識到時——大大小小的盤子上了好幾輪，各種不同的泡菜、肉類、湯品、飯類，算不清楚到底吃了幾道……，這和同緯度、氣候的日本比較，韓國對菜色香味呈現有很大的差異，倒是頗感意外。

韓國對於辣的呈現還是比較突出，和冷的天氣相互輝映。韓國的泡菜是他們食物的特色，舉凡豆芽

菜、大頭菜、青江菜、蘿蔔、白菜等各式各樣的蔬菜，經過鹽、韓式辣椒和一些佐料，製成五花八門、顏色鮮豔的泡菜。韓國人的烤三層肉及烤牛肉也做得相當好，醃好的三層肉烤好以後，配上泡菜用生菜夾著吃，肉汁、泡菜、生菜不同的口感及熟度，有著和諧的味道。

在高雄有一同騎腳踏車的朋友Eric，朋友皆暱稱其泡菜，因為他的夫人是韓國人，結婚後和夫人一起租了個店面在高雄做泡菜、賣泡菜。他們對菜的來源非常講究，例如白菜，我們都知道高山白菜和平地本就不一樣，高山因冷，植物長得慢、卻肥厚含水量，甜度與平地自然不一樣；他們則是不惜成本，一定進口韓國高緯度的白菜來醃泡菜，吃起來口感脆度和台灣本土的白菜大為不同。因為他們的堅持品質，所以店裡的產品大受歡迎；他教了我們一些泡菜的料理，像在深夜食堂一劇中有一道簡單的泡菜炒三層肉，就是令人可以扒好幾碗飯的泡菜料理。用泡菜做泡菜煎餅或用來炒韓國年糕，都是很道地的韓國料理。

泡菜牛肉鮮蝦豆腐鍋

材料：牛肉五花片、蝦子、老豆腐、泡菜、韓國辣椒粉、新鮮香菇、山茼蒿菜、蛤、蒜頭

做法：❶先將蝦子去殼，去頭，去沙腸，熱油鍋將蝦頭與蝦殼下油鍋炒香後撿出丟棄。❷鍋中加入韓國辣椒粉與蒜頭續炒香，後加入水煮滾成為高湯。❸香菇及豆腐先下鍋煮好後加入泡菜續煮。❹最後放入牛肉、蝦子、青菜，涮涮之後即可上桌；其配飯或配麵都非常合適。

泡菜炒三層肉

材料：豬五花薄片、洋蔥、泡菜、蒜頭、韭菜或香菜或蔥

做法：❶先將蒜頭炒香，加入三層肉，待三層肉炒香之後先撈起，下洋蔥炒到稍具脆度，再拌入泡菜續炒。❷加上炒好的三層肉再拌一下，最後加綠色的菜裝飾。

（註：冬天冷氣團南下的日子，用泡菜煮一鍋泡菜鍋暖胃，整個人都溫暖起來。）

泡菜煎餅

材料：泡菜、洋蔥、蒜、韭菜、三層肉、蔥、芝麻、中筋麵粉、發粉、蛋、麻油

做法：❶中筋麵粉和蛋與水大概 1:1 的比例調好，加些許發粉，靜置約 1 小時。❷泡菜先切小塊並把水分壓乾，三層肉薄片先用油煸香。❸洋蔥切小粒，蒜頭切末，韭菜及蔥切段，以麵糊和料 1：1 的比例調好，加油及麻油熱鍋再放入調好的麵糊，兩面煎香。

春川辣雞

材料：雞腿肉切成適合入口的小塊、韓國辣醬泡菜、雞高湯、韓式年糕、高麗菜、甜不辣或魚板、比薩起司

做法：❶先起油鍋將雞塊先煎八分挑出，下年糕煎熟挑出。❷下韓國辣醬稍炒後加高湯及高麗菜，續炒待高麗菜煮好加入甜不辣及泡菜拌炒。❸最後加入炒好的雞肉及年糕，拌入續讓味道融合。❹加入起司成為稠狀，最後加入綠色的葉子作裝飾。

泡菜年糕

辣年糕在韓國的大街小巷都可以見到它的蹤影，是一個相當平民化的食物。它是用條狀年糕與不同的材料做組合，例如牛肉、海鮮、蔥、香菇、蘿蔔及洋蔥等皆可，當然用泡菜也是個很棒的搭配，最後用炒辣椒粉及醬油來調味。

中國

China

醫緣上海和藏區，帶回川菜麻辣嗆

在去西藏的路程中，拜訪了四川，四川是中國菜八大菜系之一。川菜以其麻、辣、香作為菜之特色。來到四川後，就到市場的香料店了解了各種花椒、辣椒、不同的豆鼓，像是郫縣豆瓣醬的香料，和一些簡單的川菜，像是麻婆豆腐、蒜泥白肉、水煮牛、水煮魚、夫妻肺片和乾煸的做法。

一九九一年到上海做短期的研究——在上海復旦大學附屬華山醫院，我的指導老師是呂傳真教授、瞿治平教授；呂教授是神經免疫學的專家，與瑞典的神經免疫學者有密切的交流，在當時他們用免疫細胞的概念偵測肺結核腦膜炎中腦脊髓液的變化，作為診斷的輔助。

剛開放不久，處處飄著政治味

因為肺結核腦膜炎並不容易確定診斷，所以我到呂教授的實驗室參觀；另外，也和當時中國大陸的癲癇大師瞿治平教授學習癲癇，他是癲癇的專家，在蘇俄攻讀博士及民國七十年在美國國立衛生研究院擔任過研究員，在大陸是相當早期就出國進修的神經學前輩。在大陸人多，病人也多，他有相當多癲癇的病患，他指導我看了許多不同的青少年病患，尤其是失神型小發作，令我有相當深刻的印象。

在當時的大陸，剛開放並沒有太久，有許多的事情和政治有相當程度的關係，雖然老師們完全沒有跟我提到任何這方面的事，但是我可以很深刻的感受到。有一次老師告訴我今天晚上有上海馬戲團的表演，我可以去欣賞，他就打電話說朋友在那裡會幫我帶路；到了現場，我發現我坐在正中央面對表演的團體，四周都沒有坐其他觀眾，其他的觀眾都坐在很遠的圓弧觀眾席上，絕大部分都是歐美的觀光客。回實驗室之後，問了實驗室的人，我才發現坐的位置其實是領導人，譬如是毛澤東或鄧小平來看戲坐的位置。

週末的時候，老師說他聯絡了車子帶我去水都周庄，到了那兒，當地的書紀招待並詳細介紹了周庄，還告訴我，那時作家三毛來到一個橋邊老房子喝茶，一面喝一面痛哭流涕，讚歎江南小橋流水人家的美。那時的周庄剛開始開放觀光，仍保存相當原本的樣子，古樸的美實在令人感動。另外一次，老師說杭州那兒也有熟人，就請實驗室的同事蕭寶國派車一起出遊杭州；至今年代久遠已忘了住在哪兒，只記得是西湖裡招待重要人物的地方。從這些我體會到所謂的朋友，大概就是他們的相互連結，政治應該占了很重要的角色；在我回台灣後，呂傳真教授後來還當過全中國的神經醫學會會長，可見他在中國神經學界的輩分、資歷，應該都是重量級的人物。

剛剛開放的中國，比較讓人無法適應的是廁所，連女廁所都沒有門，是令人感到相當不可思議的事情。另外，在穿著上也有相當大的不同，藍色和黑色是顏色的主流，比較特殊的是女性的穿著，穿著涼鞋或皮鞋會搭配到腳踝上的短絲襪，看起來非常的特殊；流行是一種圈子裡集體化的一個價值，由此可以一窺其詳。

在當時，中國大陸的物價相當的低，薪水在人民幣二百至三百元左右，在路邊的小攤子，二元人民幣就可以買到一包水蜜桃，吃東西是相當享受的一件事情，價格親民，不會覺得有負擔。在那邊，我開始了解到上海本幫菜、江浙菜、杭州菜的一些味道；上海靠海有許多的水產，也有太湖來的淡水海產。他們的本幫菜其實就

是家常菜，以家常、平民化為特色，烹調方法以紅燒、煨、糖為主，烹飪上常用「糟」，以濃油赤醬，但鹹淡適中、其味醇厚鮮美。

其中，比較出名的本幫菜像是有：紅燒鮰魚、甲魚兩吃（菜花甲魚、桂花甲魚）、爛糊肉絲、蔥烤鯽魚、紅燒划水、清蒸鰣魚、嗆蟹、燻蛋、響油鱔糊、清蒸陽澄湖大閘蟹、八寶鴨、醃篤鮮等。鰣魚是一種太湖的淡水魚，做法很特殊，蒸的時候不要去魚鱗，吃的時候還要一起品嚐魚鱗的味道；我們台灣沒有這種魚，必須到當地才能品嚐這種特殊的美味。有人說上海菜就好像中菜中的法國菜，它蠻細緻，而且刀工、火候、熬湯都是慢工出細活。

當時吃了許多餐廳，也學會了一些小菜，回台灣之後最常做的大概是八寶辣醬，它不只料多、美觀營養豐富；因為做好了之後可以帶便當，冰在冰箱裡隨時拿出來，煮個飯配，一下就是豐富的一餐。另外就是碗豆蝦仁，新鮮有彈性的碗豆及河蝦飽含了蒜頭香及高湯，非常美味；在台灣只有冬天才有新鮮碗豆仁，但是台灣並沒有像上海一樣的河蝦，可以用我們的白蝦，但是要用鹽或太白粉反覆的搓洗，其脆度才能比擬。

十多年後再連結，大不相同

在十多年後因緣際會，和大陸又重新連結，在經濟起飛的大陸，不只經濟

上每年大幅成長，硬體上每年都有新風貌，醫療上也因經濟發展大幅的改善，對於病人的照顧有更進一步全面照顧的向上提升能力，這時也開始成立了大陸全國性的癲癇醫學會和病友會。上海是沿海經濟最好的地方，對於病人的全人照顧也發展得最快；因為世界上職務的關係，我們對於大陸癲癇病人的全人照顧開始了數年的改善計畫。

我又回到上海，很巧的也是到復旦大學的華山醫院，可能他們在醫療上在上海是屬一屬二的地方，從這發展推廣到全國會有標竿的作用。我們先邀請了日本、台灣和馬來西亞的專家，對於推展癲癇的照顧提供各國的模式與經驗，在後來的數年中也常到上海看工作的進行。除了醫療上內、外科的進步，在病人方面也建立了海馬俱樂部，推動病人在醫療知識、聯誼及心理上的支持，並且有許多藝術的活動，像書法繪畫等；也開始了全國抗癲癇活動，這些全面性的活動，也正好建立在大陸各地的經濟進步上——對於生活品質的進一步提升。

針對癲癇病人受到岐視，在大陸也開始推動癲癇楷模

的活動，以病友的現身說法，去除人們對其工作、生活能力受限的迷失，這個模式是老師施茂雄醫師在亞洲推動最成功的模式；尤其在上海，看到他們的癲癇楷模有相當好的音樂造詣，可以四處表演，這也是對癲癇社會教育相當正面的一個範例。

隔了十多年的大陸，和一九九一年剛開放之時已經完全不同。以前從上海老城往浦東望去一片荒蕪，十多年後往浦東看去已經高樓林立；以前半倒的牆壁還留著文化大革命的字眼宣傳，現在已經被新的大樓取代。實驗室的老同事們並沒有聽從我當年對他們的勸告「趕快去買房子，否則十年後會後悔」，上海已經開始房價飛漲，不是一般人能夠付得起了。這和臺灣的經濟起飛一樣，似乎完全循著相似的軌跡；看著這大環境的變化，人民從貧窮到漸漸有錢，社會也漸漸被資本主義淹沒。飲食方面，也已經看到新的上海有許多的外國大廚，在有名的外灘大樓裡開了昂貴的外國料理，也有許多新的，像餐廳林立的新天地等繁華的餐飲區域。

去西藏路上，豈能錯過八大菜系之一（川菜）

除了在上海推動計畫，也在西邊的西藏。西藏是大陸的邊陲，原是以藏族為主的區域，但因為是自治區，目前主要還是以漢治藏，在經濟和醫療資源上與大陸的內地相距甚遠。對於癲癇的醫療，西藏和外蒙古有點類似，地廣人稀，而且偏遠地區對於醫療的可近性相當不容易。由西藏提出的癲癇治療改善計畫，也是針對癲癇的教育與如何建立與病患之間的網路，尤其是偏遠地區的追蹤。

到西藏拜訪，屢屢受到一些事件影響，包括二〇〇八年的藏區騷亂，後來的二〇一一年僧侶自殺等，所以，以國際組織的身分申請西藏特區通行證並不順利。後來因為四川會議之便，與藏區的醫生共聚，才了解和評估他們的推行計畫；藏區醫療人員不足，專業的醫生不多，所以一般家庭醫生對於疾病的教育反而是訓練的重點。後來，我規劃了去西藏的路線，飛機由高雄直飛重慶，有高鐵可經成都到青海，再乘青藏鐵道到拉薩，緩和的爬昇上山以避免高山症的產生。

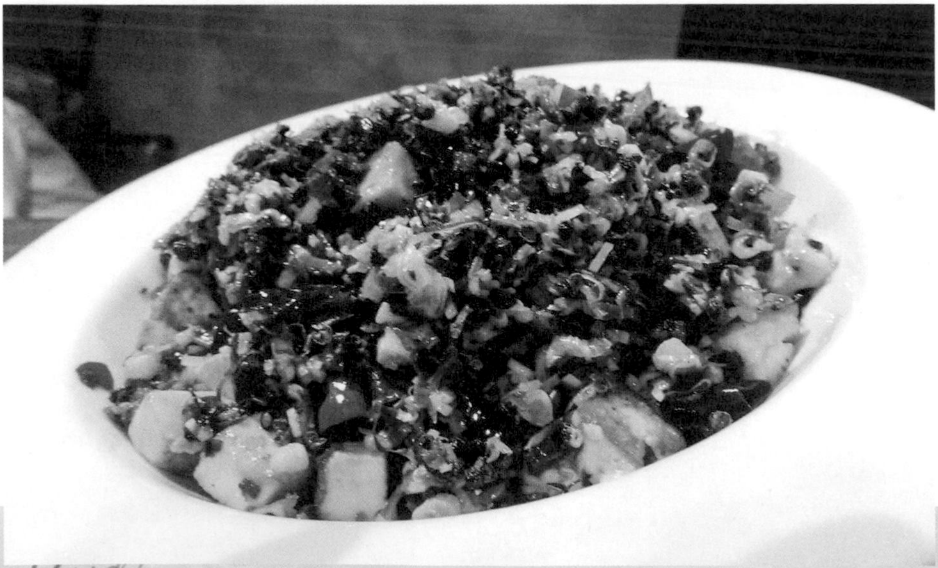

在去西藏的路程中，拜訪了四川，四川是中國菜八大菜系之一，八大菜包括魯菜、蘇菜、粵菜、川菜、浙菜、閩菜、湘菜、徽菜；川菜在大陸及世界廣為流傳，以其麻、辣、香作為菜之特色。來到四川後，就到市場的香料店了解了各種花椒、辣椒、不同的豆鼓，像是郫縣豆瓣醬的香料，和一些簡單的川菜，像是麻婆豆腐、蒜泥白肉、水煮牛、水煮魚、夫妻肺片和乾煸的做法。成都和重慶是四川最大的兩個城市，成都的菜色相當細緻，對於花椒的麻也表現得相當好；在成都的老市區，有留下相當古老的餐廳區——寬巷子與窄巷子兩條街古色古香，連連鎖咖啡廳星巴克（Starbucks）都非常古典。

台灣有相當多四川料理，蒜泥白肉更是從小吃到大的家常料理，這道料理源自四川，本名稱為李莊白肉，它肥肉肥而不膩，瘦肉細而爽口，一般都選豬後腿下第二刀時候所取的肉，因為這個部位的肉質較為細膩，肥瘦均勻；另外刀工也很重要，要能夠切得很薄，並加入大量的蒜是這個菜的特色。在四川，會用一些麻辣來增添這道菜的深度，和我們在台灣吃的很不一樣，我們用有點甜的醬油混合了蒜泥，少了麻辣的嗆味。

至於家常小菜麻婆豆腐，也是在四川有一位臉上比較多雀斑的女士所創作的菜，後來發揚而流傳。麻婆豆腐講究麻、辣、鮮（高湯）、燙（剛炒好上桌食用）、嫩（豆腐的選用）、捆（豆腐炒到完整不爛）、酥（肉末酥香）等特色；本來是以黃牛肉末來炒，現在則多改為以豬肉為料的做法。其次則是豆瓣醬的選用，公認是用郫縣豆瓣做這道菜最佳。

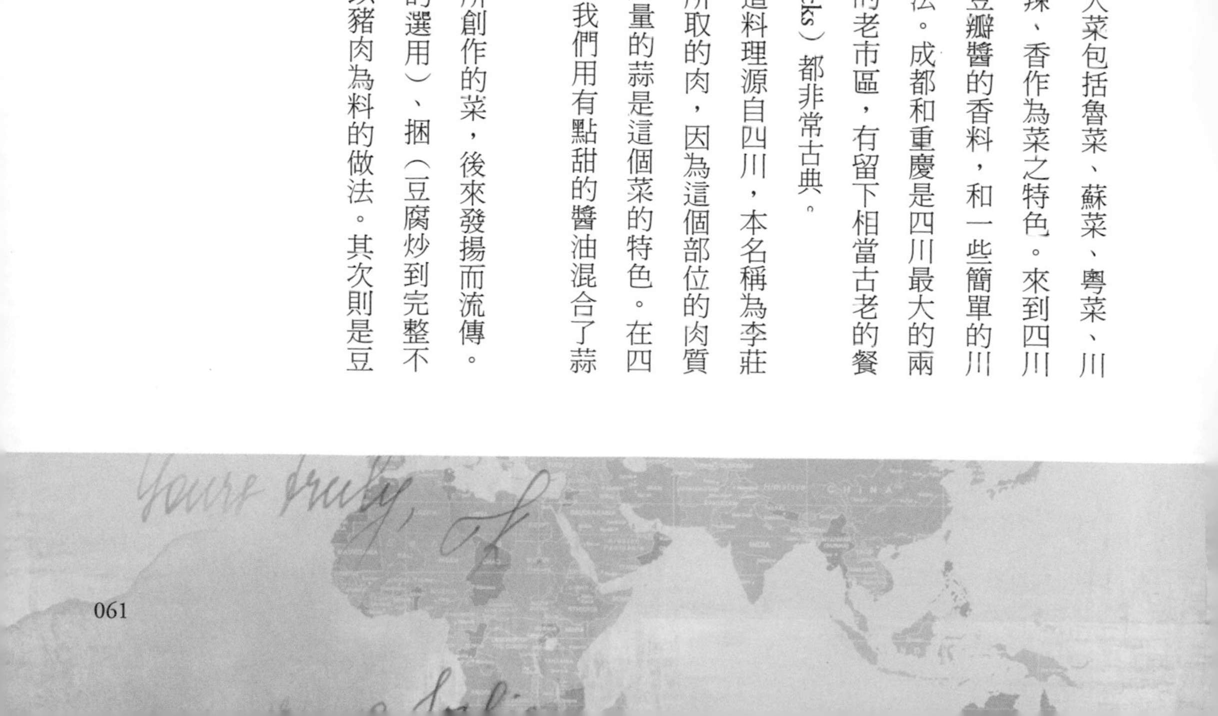

異國的餐桌 1

香、麻、辣，川菜餐會熱呼呼

回台灣後，把對川菜的學習和朋友們共享，辦了川菜餐會。在台灣，一般人還是沒辦法吃麻辣如此重的口味，所以我把麻度、辣度都相對的調低，不過還是用了從四川帶回來新鮮頂級的大紅袍花椒和綠井椒，為菜色增添了相當的香味與麻度。正好朋友的餐廳可以買到好的匈牙利羊毛豬，就試試結合川菜與綿羊豬的料理，當然到上海這麼多次，學習了很多上海的食物，也把這些經驗和朋友們分享。

1

羊毛豬蒜泥白肉

一般豬生長約 6 個月大後就會送去屠宰，而吃玉米、南瓜、大麥、小麥、榛果與甜菜長大的羊毛豬，則須飼養一年以上約 120 公斤後才會食用。牠們擁有絕佳比例的脂肪，身上油花比一般白毛豬高出 1 倍，有些部位甚至與神戶和牛極相似，用這種牛做蒜泥白肉是一個很新鮮的嚐試，效果也是非常的好。

材料：薑、蔥、豬肉、地瓜葉、小黃瓜、花椒、紅油、蒜泥、乾辣椒、蔥花、香油

做法：❶先煮滾水，放薑及蔥段煮滾，豬肉（肥瘦相間）放入滾熟後冰鎮。❷盤底配菜，可炒地瓜葉及小黃瓜刨薄片以擺盤。❸冰過的豬肉切薄片，擺盤。❹蒜泥香料：先將花椒小火爆香，加一點紅油，大量蒜泥及乾辣椒炒香加鹽，淋到肉上。❺最後加蔥花及香油。

3

東坡肉

蘇東坡是四川眉山人，在眉山這道菜是一個招牌，雖然這是蘇東坡被貶到杭州時做的菜，但卻是他以故鄉燉肘子的方式燉出來的名菜，所以在杭州和眉山都以它當招牌菜。台灣的大小餐廳也很多都有；這道菜小火慢燉，充滿了酒及醬油香。

材料：五花腩、糖、紹興酒、醬油、薑、蔥、蒜頭、八角

做法：❶五花腩先冰比較容易切成正方小塊，用棉繩綁好，然後燒滾水一鍋，放入去泡沫，將之取出以清水洗。❷先將糖炒糖色後放入五花腩，放紹興酒及醬油、薑、蔥、蒜頭、八角，先滾後續以小火慢燉。❸做好後可先放一天，第二天享用；這次餐會還另外配了手做的義大利麵包。

2

夫妻肺片

夫妻肺片是一道成都川菜，原來是用牛的肺、心、舌等製作而成。現代的肺片已改為牛心、牛舌、牛肚、牛肉，而不用肺了。它是成都街頭巷尾的挑擔美食。本來用牛雜碎邊角料，經精加工、鹵煮後，切成片，佐以醬油、紅油、辣椒、花椒麵、芝麻麵等拌食；後來一對擺小攤的夫婦，因製作的涼拌肺片精細講究，顏色紅亮、麻辣鮮香，切成薄片後，與調味料混雜攪拌，因此最初被稱作「燴片」或「廢片」，後依他們改名「夫妻肺片」。

材料：牛肚、檸檬、醋、米酒、醬油、牛腱、薑、牛舌、紅油、花椒、蒜末、蔥花

做法：❶牛肚：可以先用檸檬或醋先滾個 5 分鐘去腥味，接下來放米酒及醬油，淹過牛肚即可；先大火滾後，再小火燉約 1 小時 45 分鐘。❷牛腱：先用水浸 1 小時，放薑煮滾水，放入牛腱，大火去泡沫，拿出洗淨；放入米酒及醬油，大火滾後，轉小火燉約 1 個半小時。❸牛舌：滾水加薑，放入牛舌，約數分鐘後取出去舌苔，再下鍋煮熟即可。❹做好的牛肚、牛腱及牛舌稍微冰過較容易切薄片。淋醬可以紅油小火炒香花椒，再下蒜末、鹽，燉牛腱的肉汁最後加，蔥花淋上。

4

重慶磁器口炒洋芋

磁器口是重慶的一個古鎮，到現在仍然保留了相當多的古房子和街道，一般在磁器口是以炒土豆絲為主，浸過水的土豆絲炒到條條麻辣香脆，將之切小塊炒，炒香的土豆更具土豆本身的焦甜，可以稍稍中和麻辣的強烈。

材料：洋芋切中丁、花椒、乾辣椒、五花肉絞肉、蔥花及蒜頭

做法：❶先將五花碎肉炒香取出，餘油炒花椒及蒜頭及乾辣椒，爆香後取出，炒洋芋到熟。❷將炒好的香料及五花碎肉同鍋再炒，最後下蔥花。

5

西湖醋魚

西湖醋魚的背後有個悲傷的故事，但也是一個味覺記憶的情感，有一首詩：「裙屐聯翩買醉來，綠陽影里上樓台；門前多少游湖艇，半自三潭印月回。何必歸尋張翰鱸，魚美風味說西湖；虧君有此調和手，識得當年宋嫂無」。描述了兄因嫂貌美，惡霸垂涎而橫死，弟逃嫂隱，在逃之前，嫂做此酸甜口味之菜隱喻人生之甘苦，後弟功成名就返鄉復仇，由再度吃到菜而找到嫂嫂的故事。

這道菜既名西湖，是以河鮮為主題，糖和醋的調和就依個人的味覺喜好，在台灣用草魚的肚子及中段的魚片，以大火蒸約7～8分鐘，再淋上炒香蔥薑，加糖、醋、醬油調味淋上，肉嫩帶著酸甜就好似人生的酸甜，不同滋味。

6

紅燒獅子頭

獅子頭是一道揚州的傳統名菜。據說隋煬帝楊廣到揚州，欣賞當地葵花崗景色，御廚便做了「葵花獻肉」，用大的肉圓子做成葵花，其形狀有如雄獅的頭，「葵花獻肉」因此成為「獅子頭」的始祖。

做獅子頭，肥瘦豬肉的比例一直是被討論的話題，從肥瘦比 7：3、6：4、5：5 或是健康的 4：6 都有人擁護。另外是做獅子頭時攪拌的方式，加入的水量和蔥薑的提味，是做獅子頭人，每家的祕方，做好的獅子頭可炸或不炸過，加以紅燒、清蒸、清燉各有滋味。炸了紅燒的味道醇香，清蒸、清燉則鮮嫩肥糯。另外在山海味呈現方式有蟹粉獅子頭，也有用干貝或是蛤的甜味再與白菜同燉，融合了蔬菜的甜海味，將獅子頭的肉味襯托得完美無缺。

8

芋頭鴨

芋頭鴨一般分廣系或是江浙系統的菜，比常吃到的是廣東系統，用鴨肉鑲著芋泥油炸做法有油炸的香酥味，十分討喜。江浙菜系芋頭鴨則是鴨子放在砂鍋裡，和高湯、扁尖及芋頭一同細火慢燉而來。比較麻煩的是鴨湯，是用雞骨架、鴨骨熬煮8個小時，出味過濾使用，所以一早的工作是熬高湯晚上才得用。可以選擇菜鴨，在台灣的紅面番鴨更，只是價格是菜鴨的倍數以上；要請鴨販去骨以免其中血水混入湯汁。

在薑的處理上可以像我們煮薑母鴨的方式先行煸過，之後再加蔥、米酒、扁尖筍約蒸3小時到鴨肉軟嫩。芋頭通常到菜市場問一下菜販種類，他們會講這個是檳榔心，雖然不解其意，但是煮來鬆軟卻不散不綿，去皮後可以先煎一下再和鴨肉同煮比較不會潰散，得以保持口感。

7

麻辣小黃瓜

小黃瓜是做涼拌的好材料，將小黃瓜的皮做麻辣風味，刨下皮的內心做酸甜的醃漬，一瓜兩吃是食材相當好的運用。小黃瓜洗淨後把皮刨下來切成等大小的細絲備用，將花椒小火慢慢煸香之後加入生辣椒乾辣椒；正好有一塊煙燻三層肉，一起煸香，就是一道很好看又好吃的麻辣小黃瓜皮。小黃瓜的心先加鹽泡一下洗淨，加入適量的糖及檸檬汁，冰鎮半小時。這個涼菜配上麻辣的小黃瓜皮，香、甜、辣共濟，是很簡單的食材，但上桌大方、得體又好吃。

9

醃篤鮮

醃篤鮮來源不詳，現在已是上海本幫的老菜；醃是醃漬的意思。這道菜有火腿，如我們常用的金華火腿和扁尖筍是屬於醃的部分，而新鮮的三層肉、排骨、春筍則為鮮的部分。在台灣三月中到四月初是高山春筍出來的時候，若有機會拿到阿里山的轎篙筍，筍質細緻，燉這道湯則大為加分；另外百頁結可以吸收湯汁精華，是這道菜的精髓。

其中這個篤字，則是小火慢燉的意思，通常會先做好雞高湯再把料及黃酒依序加入慢燉，在燉 4 到 5 小時的過程中，三層肉易爛要最後一個小時才能加入，綠色的蔬菜則是最後上桌的 2 分鐘加入，使其得以翠綠。因為金華火腿的鹹味已夠，並不需要加鹽，其味道已經很完整，也不需要再以蛤、干貝等海味來增鮮。

法國

France

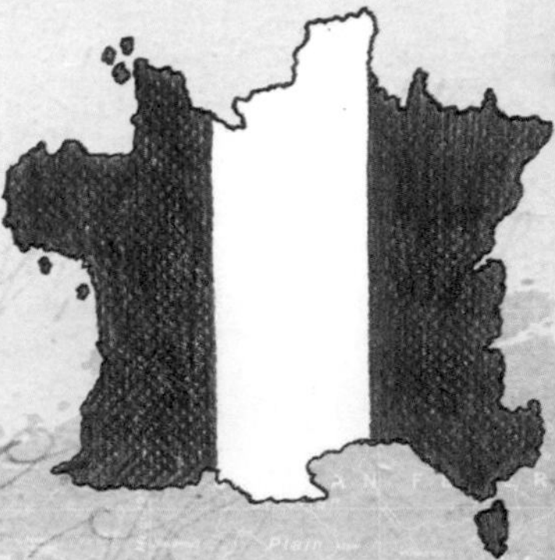

懷念在法國上廚藝課的日子

二〇一六年冬春交際，廚房啟用的當天，先請葉醫師夫婦在台中買了材料，我也從高雄事先準備了一些，雖然沒有做我們一起在法國學的菜，至少也圓了十多年前的承諾，當天就和朋友們一起從中午，一面做菜、一面聊天喝酒到差點搭不上高鐵回高雄。

Marion Clignet 是法藉美國人，在美國出生，她的腳踏車競賽運動生涯由美國開始，並於一九九〇年得到美國的國家競賽第二名，成為代表隊；但是她在二十二歲正值要繼續出賽之時突然得到癲癇。後來美國代表隊不建議她出賽，她就回到祖國法國，繼續努力，經由她努力的對抗疾病與不斷的磨練，後來得到七座世界大賽冠軍，合計三十二個公路賽冠軍，並在二〇〇〇年雪梨奧運得到女子組的銀牌。

掙脫疾病束縛的好榜樣

Marion 在成為世界頂尖選手之一時，同時對抗這個會影響她競賽的疾病，鼓舞了世界上許多罹患疾病、被疾病限制住發展的心靈；疾病並非不可克服，重要的是調整心態去面對它。Marion 小姐得到的癲癇是一種難治型癲癇，即使是規則服藥仍然偶爾會發作；雖然是這樣，她一樣能夠克服。

由於在台灣，我們對於癲癇這個疾病的歧視與限制仍然非常的深，正好台灣在二〇〇五年之後有一波腳踏車運動的風潮，我們遂決定邀請 Marion 到台灣辦一場為癲癇而騎的活動，作為民眾的教育，讓社會大眾了解罹患癲癇並非不能做工作，只要能夠良好的控制，甚至可以達到危

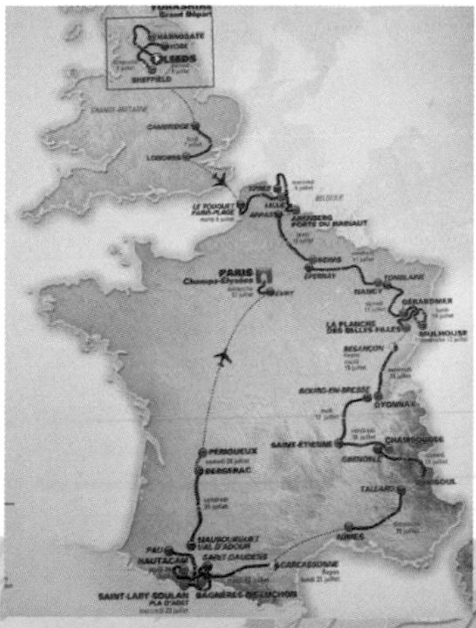

險運動的世界巔峰。

二〇〇八年五月十一日，在高雄由台灣癲癇之友協會、高雄市超越巔峰關懷協會、高雄市南區國際獅子會主辦，邀請了 Marion 小姐到高雄，從農十六沿愛河自行車道與民眾一起騎腳踏車到光榮碼頭；當天有超過三千多位民眾一起熱情參與，很成功的做了一場結合運動與民眾教育的活動。我們希望在活動中讓大家了解，許多的癲癇患者控制得很好的話，與正常人無異，可以正常的工作；另外即使是困難控制型，我們也要勉勵他們努力奮鬥不被疾病打敗。由美國拒絕 Marion 出賽的例子，我們知道受到歧視與限制舉世皆然，但是事在人為，一樣可以做到世界頂尖；另外也給雇主一個訊息，若是能慧眼識英雄，就像法國國家隊一樣，不畏懼疾病一樣用人才，勞雇雙方是雙贏的結果。

騎單車上阿爾卑斯山，跟米其林餐廳大廚學藝

我也愛參與騎腳踏車運動，在辦完活動之後，也到法國南部 Marion 的家鄉拜訪，並且研究了世界最出名的環法賽行程。環法腳踏車賽是自由車公路賽的標竿，世界頂尖的選手都會參加，它每年的路程並不相同，但是都會象徵環繞法國，其中在鄰瑞士邊的阿爾卑斯山路段，是選手挑戰上坡的艱難歷程。

我看了一段一百七十五公里環法賽中阿爾卑斯山段行

程，選手們都在數個小時就完賽，遂決定去體驗一下，並且順便在山中的米其林餐廳學習廚藝。環法賽選手們一下子就完成的路程，並沒有想像中容易，我選擇的起點是里昂南邊一點的革勒諾布爾（Grenoble），這是法國最重要的科技大城與研究研發中心，位在阿爾卑斯山的山腳。

到革勒諾布爾前，我先到里昂品嚐勃根地地區的名菜，像是紅酒燉雞（Cog Au Vin）、大腸包小腸（Andouillette）等傳統菜，搭配當地的薄酒萊區酒及勃根地的酒與菜；大腸包小腸和我們的菜大異其趣，是真的大腸包真小腸做的料理，甚至有濃厚的腸子味道。到了革勒諾布爾，它位在阿爾卑斯山麓，之前辦過第十屆冬季奧運，有很便捷的交通上山，但騎腳踏車卻需要花很大的力氣，好不容易才騎上山。

此行另一目的地是海拔約一八五〇公尺、阿爾卑斯山上的度假小鎮庫爾舍瓦勒（Courcheval），它在冬天是滑雪聖地，但夏天卻是騎腳踏車的天堂。有很多的人搭乘滑雪車到山頂，然後騎下坡車往下衝；法國小朋友們頭上戴著錄影機從山上一路衝下錄影，想必相當刺激。

山上有一家米其林二星餐廳叫 Chabachiou，在聯絡的時候都以英文書信溝通，沒想到大廚們並不會說英文，到了之後大部分溝通就用比的；不過這樣也很有趣味，而且會做菜的人，看別人做菜，通常看動作就可以領會其中部分的精神。倒是文化的東西還是需要語言來傳達會更清楚，在廚房裡學切菜，大廚的刀工都要細心看和琢磨；在大廚的廚房裡看到，材料、烹調方式、擺盤呈現，甚至餐具質感的藝術，他都很重視。

山區在夏天沒有雪覆蓋的日子，會冒出一些野草和野菇，大廚抱了當地剛採收的野菇和起司，很高興的唸唸有詞；當地（註：Savoie）的起司，比較出名的是 Beaufort 的硬質起司，在早餐時，就會切一盤來吃。大廚除了捧著野菇唸唸有詞之外，也拿了一瓶酒 Genepi Le Chamois，比手畫腳的說了一堆。後來我查了一下，在阿爾卑斯山區夏天七、八月的時候會冒出一種 Artemisia 的植物，這個植物屬於 A．genepi 屬，所以這種植物泡的酒叫 Genepi，是一種香料甜酒，飯後配甜點的。

另外，也學做漿汁，因為它是調和食物的要角，可以襯托主食，也可以把主菜、配菜連結起來，並且有裝飾的效果。譬如主食如果是牛肉，顏色深紅，就可以選擇黃色做配菜，這時漿汁可選綠色當橋梁，在顏色上是一個很好的效果；至於綠色的來源，就可以是一些蔬菜和香草打成的泥，加以調味配上牛肉，和副菜做一個融合。也可以把漿汁打成泡泡再加些小花做裝飾。

還有燉高湯，法式的高湯很講究，豬、雞、魚及牛骨高湯都要花長時間熬製，裡面也加有不同的成分來潤飾，譬如洋蔥是常用的配料。廚房裡大家各司其責，前菜、主菜、點心都有專責大廚，我也學做了一次愛吃的舒芙蕾；舒芙蕾蛋白、糖、麵粉，和附加料如巧克力的比例要抓得很準。大廚也要隨時注意客人是否要準備吃甜點，算準時間入烤箱，因為一烤好要現吃，否則待會就會開始塌陷，不好看也不好吃了，算是一種挑戰。

法國的菜市場賣的很不一樣

有一次到巴黎上廚藝課，正好好友葉守正醫師也在巴黎，我們就一同跟著老師到附近的市場買菜，老師詳細介紹市場裡的攤位；到了起司的攤位，上面擺了數十種起司，老師如數家珍告訴我們起司的差別、產地及當天要選用的羊起司，攤商也很熱情切給我們嚐試。在西方人吃的文化中，起司占了很重要的角色，它可以當作前菜配開味酒，也常加在沙拉等前菜裡，主食中也常用起司融在漿汁或是包在主菜裡。

飯後的起司盤，更是大家聊天做結尾的配酒小菜，起司在用餐中可以說是無所不在；菜市場的起司攤位就和台灣的有相當不同的特點。菜市場裡，肉類以豬、牛肉的攤位為主，另外就是各式各樣的香腸及火腿，絕大部分切片即可食用，這也是我們的菜市場少見的；還有各種新鮮的香草，如作為調味之用的羅勒百里香（Thyme）、奧勒岡（Oregano），這是我們日常做菜比較少用的——在台灣，通

常只有蔥、薑、蒜、辣椒及九層塔在市場可以買得到，但是目前的超市也開始有香料區了，可見西化的程度已經進入廚房。

馬鈴薯是西方人的主食之一，種類和大小就有相當多種，它的含水量、軟硬度和要做的菜有相當大的影響；做不同的料理要選擇不同的馬鈴薯，這也是我們較少注意的。

葉醫師在台中大肚山上買了一塊地自建農舍，農舍除了種了很多香草，廚房也很完善，農舍好了之後圓了我們十多年前一起在巴黎學做菜的夢——回到台灣找一個廚房做菜，和朋友共享。二〇一六年冬春交際，廚房啟用的當天，先請葉醫師夫婦在台中買了材料，我也從高雄事先準備了一些，雖然沒有做我們一起在法國學的菜，至少也圓了十多年前的承諾，當天就和朋友們一起從中午，一面做菜、一面聊天喝酒到差點搭不上高鐵回高雄。

14 道盛宴圓夢——回台灣一起做菜，美食＋美酒話當年

腳踏車隊朋友們和原住民朋友有緊密的連結，每到春天我們都會上山採梅子、做梅子酒、梅子果醬和脆梅。朋友並未施肥，也沒有噴農藥，梅子並不大顆，但這小顆的梅子酸度用來做梅子酒極為合適，釀梅子酒剩下的酒渣梅是煮梅子雞最好的。

1

芥菜心美濃澄蜜小蕃茄

這道菜是之前在西藏有個改善藏民的癲癇照顧計畫，到西藏前經過成都學的一道菜。成都，自古被譽為「天府之國」，是中國開發最早、持續繁榮時間最長的城市之一，它的飲食文化甚為細緻，在古城區有相當古色古香的寬巷子與窄巷子。這裡餐廳林立，當時拜訪了一家叫寬巷子 3 號的餐廳，吃了一道看似平凡的雲南香菜；嚼入口中，翠脆的香菜有一股隱藏的麻辣突然竄升，甚為奇特，看似很平凡的菜，卻迸出令人大驚奇的口感。

回到台灣，並無法買到雲南香菜，但有一種青菜叫蒲公英，長得比較像、但市場上不常見；冬天有很多的芥菜心，醃漬起來卻同樣可以表現那種外表平凡，卻內蘊豐富的滋味。

材料：芥菜心、紅袍花椒、青花椒、小辣椒、橄欖油、蒜頭、橙香小蕃茄

做法：❶芥菜心先削皮用鹽醃 1 小時，洗掉鹽之後，用重物壓約 6 小時讓它去水。❷買大紅袍花椒、青花椒和一枝小辣椒，加橄欖油用小火慢慢加熱炒香，花椒不宜大火，會有苦味，最後加入少許蒜頭，待蒜片變黃後，蒜片取出。❸將芥菜心切塊，澆上炒香的油，冰箱中冰約 2 小時。❹橙香小蕃茄洗好，加入橄欖油與一點鹽，放入烤箱以攝氏 175 度烤約 30 分鐘；烤過的小蕃茄會增加它的甜度，擺盤後紅綠相間，視覺效果很好。吃的時候可以先分開品嚐醃菜心的香麻辣與小蕃茄的酸甜，因為甜可以中和麻辣，兩者一起入口，更能感受到食物的融合。這種酸甜麻香的冷盤，在尚未上主菜時配點香檳，大家一起聊聊天，甚為合適。

2

2. 客家小炒

這是我們客家人很普通的一道小菜，一般的熱炒店都是大火迅速炒一盤上菜，但是這道菜前一天先做好當天翻炒一下，作為前菜風味更佳，客家菜古典的油、香、鹹在這道菜可以很充分的表現。這道菜要備大量的青蔥，花個半天泡好魷魚，選肥厚適中的豬三層肉切粗絲，魷魚發好去膜，將魷魚、豆干和芹菜切相同的長度。

材料：豆干、三層肉、蔥、魷魚、豆干、肉絲、芹菜、辣椒

做法：❶先煸香豆干，豆干一般可先過油，但一般家庭很少起油鍋，所以可以先用一些油加入豆乾煸一下，豆干的毛細孔會擴張，這樣待會炒的油香較易進入豆干。❷煸三層肉，這道菜最重要的油來自煸三層肉，切的稍粗的三層肉經過小火慢煸，會縮小一半以上的大小；加入一些鹽，這時油已滲出，瘦肉部分有炒好的鹽肉香，撈起肉絲。❸蔥切長段，取蔥白及青色的部分下鍋炒香，這是這道菜香的來源，蔥的量應該要夠多才會香。❹蔥炒香後加入魷魚炒到軟硬適中，再加入炒好的豆干、肉絲、芹菜、辣椒拌抄，調入適量的鹽，就完成第一階段的工作了。先包好冰一個晚上讓味道沈澱，第二天上桌前炒新鮮的蔥段作裝飾，加入冰了一晚的小炒，鹹香油並具；若是配上一碗白米飯，可以瞬間扒完一整碗。

3

客家婆婆的雞胸肉

這道涼拌是一位朋友的阿婆做的家常菜，主要的醬汁是客家人人常用的沾醬。

材料：蒜頭、九層塔、雞胸、辣椒、蕃茄、木耳

做法：❶用剁碎的蒜頭加九層塔過一下油，讓蒜頭和九層塔的香味釋放出來。❷雞胸的部分要先起一鍋熱水加些鹽，待水滾的時候放入雞胸肉約滾40秒，取出雞胸肉放入冰塊和水中浸泡約3～5分鐘，取出再放入滾水約40秒再撈起放入冰塊與水中。❸待5分鐘後，將滾水熄火，將冰鎮過的雞胸肉放入，約30分鐘即可取出；一般雞胸肉煮熟都是撕成絲食用，但是冰鎮及泡熟的雞胸肉，內部軟嫩，適合切成小塊食用。❹做好拌入醬汁，加些辣椒增色即可；也可以拌入烤好的蕃茄與燙熟的木耳，就是一道色彩繽紛的涼菜。

4

滷牛肚與牛腱

這是我們在涼菜中最常見的菜色，比較重要的是牛肚除了要清洗乾淨，切除一些較髒的部位。

材料：牛肚、醋或檸檬、醬油、滷包、八角、薑、蔥、月桂葉

做法：❶牛肚事先要用滾水加醋或者檸檬煮過，內臟的味道方可去除。❷以市場可以買到的臺灣牛肉而言，牛肚看大小約滷 2 ～ 2.5 小時，牛腱約 1.5 小時，滷水若全部用米酒，尤其用公賣局的純米酒製作起來會更好。❸醬油的選擇上，用西螺幾個純釀造的醬油風味都不錯，朋友特別買給我的萬和缸底油香味也非常好。❹滷包通常肉商或中藥店都有，八角不宜過多約 1 顆即可，燉的時候加 2 片薑，幾條蔥和 1 片月桂葉。滷好冰一個晚上，上桌前切片灑滷水及蔥花。

5

乾煸麻香黃帝豆

乾煸又稱煸炒或乾炒，是一種較短時間加熱成菜的方法，以小量的油鍋中，中火熱油不斷翻炒，原料見油不見水汁時，加調味料和輔料繼續煸炒，至原料乾香滋潤而成菜的烹調方法；比較出名的是乾煸四季豆。

目前餐廳快速上桌的原則，大部分會先把四季豆炸過再和配料快速翻炒而上桌，運用在黃帝豆上，用中小火慢煸是很好的一道前菜，因為黃帝豆口感綿密帶著甜味，慢火慢慢的把豆中一部分水分炒出，再讓麻蒜及豆豉的香味炒進黃帝豆中，放涼了就好像當零食一樣，有甜甜麻麻的豆香。

6

醉蝦

有數種做法，在《調鼎集》這本清代廚藝集大成的烹飪書中描述「酒醃蝦」:「揀大者瀝乾水，去須、尾，每斤用鹽五錢，醃半日，瀝去鹵，拌椒末裝瓶，每斤復加鹽二兩，燒酒封固，春秋停五、七日，冬夏十日方好。」至於醉蝦記錄多生食，醉蝦是即醃即食，民初《清稗類鈔》便這樣記載：「醉蝦者，帶殼用酒炙黃，……盛於盤，以碟覆之。啟覆，蝦猶跳蕩於盤中也。入口一嚼，殼去而肉至口矣。」對於一般的蝦如果還是有很多寄生蟲的疑慮，這種採用類似醉雞的做法，可以兼顧食品安全又好吃。

材料：桂枝、當歸、紅棗、枸杞、黃耆、蔥、薑、陳年紹興、花雕酒、蝦子

做法：❶浸料製作：到中藥店買桂枝、當歸 2 片、紅棗、枸杞、黃耆約 30 元，加入蔥、薑、鹽，煮沸放涼加入陳年紹興或是花雕酒。❷蝦子選擇大隻的白蝦，剪去鬚腳，挑去沙腸。❸煮蝦：這是最重要的步驟，先準備滾水一鍋及冰塊開水一鍋，將蝦子放入滾水約 1.5 分鐘，撈起放入冰開水冰鎮 5 分鐘，若是時間太久，蝦子過熟，浸好的蝦子肉質鬆軟沒有脆度就不好吃了。❹將蝦子撈出和涼的浸料放冰箱冷藏 1～2 天。

材料：蒜頭、花椒、豆豉、乾紅椒、黃帝豆、蘆筍、大紅椒

做法：❶先小火炒香蒜頭與花椒，加入豆豉及乾紅椒拌炒，最後加入黃帝豆，慢慢炒約 15 分鐘。❷黃帝豆水分會逐漸收乾，香味進入豆中（這可事先準備好）。❸準備上桌時炒些蘆筍及大紅椒拌入，就色香味俱全了。

8

咖哩牛腩（主菜二）

炒咖哩需要相當長的時間，燉好的肉也需要時間和肉做融合，前一天做好這道菜再來回溫，是個適當的做法。

材料：洋蔥、蒜頭、薑泥、香料、牛骨、洋蔥、紅蘿蔔、芹菜、牛腩

做法：❶炒洋蔥，用中小火將洋蔥粒慢炒，炒到洋蔥成金黃色，約需要 30 分鐘。❷加入蒜頭末續炒，小火炒香約 10 分鐘。❸加入薑泥續炒約 5 分鐘。❹加入香料炒香。香料的準備依肉類不同而有區分，基本的元素是小茴香（Cumin）、薑黃（Turmeric）、凱宴辣椒粉（Cayne Pepper）、胡荽（Coriander）；牛肉味道較重可以加入內桂（Cinnamon）、八角（Star Anise）、小豆蔻（Cardamon）及茴香（Fennel）。❺這些粉一起炒香加入之前的 3 步驟炒好的香料，成為咖哩泥。同時也烤好牛骨加入洋蔥、紅蘿蔔、芹菜燉煮牛高湯，牛高湯煮好放入已滾水燙過的牛腩，加入咖哩泥，燉煮約 1.5 小時即成。放冰箱一晚讓味道融入，上桌前熱好，炒配菜裝飾即大功告成。

7

日本爆漿小蕃茄（主菜一）

這道菜在日本篇已經描述過，正好在葉醫師新的烤箱試烤，農場裡栽重了一些香草植物，採用一些牛至葉（Oregano）灑在酸甜有點醬香的三層肉上（飽滿了小蕃茄的湯汁），有豐富的口感。

10

水煮魚（主菜四）

在成都寬巷子 3 號點了他們的名菜水煮西蜀多寶魚，功夫甚是了得，因此做了這道菜。多寶魚類似比目魚，當天買不到新鮮的小比目魚，變通方式是請葉醫師準備了可生食的旗魚。

備料：❶旗魚切、薑片數片切末、蒜數顆切末、乾辣椒另準備一把、小黃瓜一小條切薄片、芹菜切小段、豆芽去頭及尾、香菜適量❷醃料：米酒 1 大匙、太白粉、麻油 1 小匙❸調味料：豆瓣醬、香油、醬油、糖❹麻辣油：大紅袍花椒及綠井椒、乾辣椒一把、八角兩個、月桂葉兩片、油

做法：❶ 將旗魚與醃料攪拌均勻，靜置 1 小時使其入味。❷煮一鍋水，氽燙豆芽、芹菜備用。❸將麻辣油的所有材料放在一個小煮鍋中，小火爆香到香氣出來備用。❹另起一炒鍋，小火爆香薑末、蒜末及乾辣椒，拌炒到香氣出來。❺先加入調味料中的豆瓣醬拌炒，接著再加入剩下的調味料。❻加入適量的熱水到步驟 5 中，煮開後加入醃好的魚片。❼將黃瓜片、燙好的豆芽、西洋芹鋪在一個深鍋中；接著倒入煮好的魚片，上頭鋪上剪段的乾辣椒末、香菜，再淋上燒熱的麻辣油即完成。

9

蝦醬炒青菜（主菜三）

材料：蝦醬、蝦子、蒜蓉、油蔥碎、醬油、糖、辣椒、碎花生粉

做法：❶若買不到好的蝦醬，可以將蝦殼用鹽醃一晚。❷再炸酥蝦子，然後用果汁機打碎放入鍋中炒香，接著加切小塊的蝦米以小火一起炒 5 分鐘，在調味方面加入蒜蓉和油蔥碎、醬油、砂糖和辣椒。在炒青菜時拌入蝦醬，最後在菜上灑壓碎花生粉，是一道越南式的青菜炒法。

11

梅子雞（主菜五）

每年三月底到四月是桃源鄉梅子盛產的季節；桃源鄉在南橫公路上，是原住民的部落，歷經八八風災的摧殘，原住民朋友還是回來重建了家園，山上種了很多種的水果包括梅子、李子、芒果等等。

腳踏車隊朋友們和原住民朋友有緊密的連結，每到春天我們都會上山採梅子、做梅子酒、梅子果醬和脆梅。朋友並未施肥，也沒有噴農藥，梅子並不大顆，但這小顆的梅子酸度用來做梅子酒極為合適，釀梅子酒剩下的酒渣梅是煮梅子雞最好的。梅子採下後去蒂洗乾淨，將之風乾，以梅子：冰糖：酒＝ 2：1：1.5 的比例放一年即可收成裝瓶陳年，浸泡酒目前臺灣有幾種高濃度的米酒皆可，酒渣不受潮置冷藏可陳放，不易壞。

材料：雞骨架、洋蔥、紅蘿蔔、芹菜、梅渣、薑、月桂葉、高麗菜、梅子

做法：❶高湯：備雞骨架 5 ～ 6 隻、洋蔥、紅蘿蔔，及芹菜加水先煮 2 小時，放入梅渣再煮 3 小時，將渣撈出，用大火再滾，撈掉上面泡沫，再過濾即成梅子雞高湯。❷煮料：放入薑二片、月桂葉一片、高麗菜手撕大片，加入雞肉約煮 25 分鐘即可，梅子有酸度會軟化雞肉，不宜時間過長，肉質易變柴。

12

茄汁鮮蝦義大利麵（主菜六）

朋友插刀，炒了蕃茄鮮蝦義大利麵，好友林醫師也非常擅長廚藝加碼義大利麵。

材料：蕃茄、蝦子、蒜頭、義大利麵、洋蔥、白酒、綠葉、起司

做法：❶茄汁：先將蕃茄去皮切碎，放入果汁機打成泥，一部分小蕃茄用烤約 30 分鐘。❷蝦子：去頭去殼去沙腸，鹽洗數次，以蒜頭炒香，備用。❸義大利麵先煮成快彈牙的熟度。

炒義大利麵：油先炒蝦頭炒香取出，續炒洋蔥碎炒香，加入蒜頭續炒香，下白酒，加入茄汁炒，下麵收汁，最後加入處理好的蝦子，上桌再灑綠葉及起司。

14

酒釀湯圓（甜點）

在冬春交替、春寒料峭之際，飯後有個暖胃酒釀湯圓，十足的溫暖。湯圓煮的時候宜注意，滾了放入，浮起來就好，不宜讓湯圓煮得膨脹，會沒有Q度，加入酒釀，最後再蛋花拌入即可上桌。

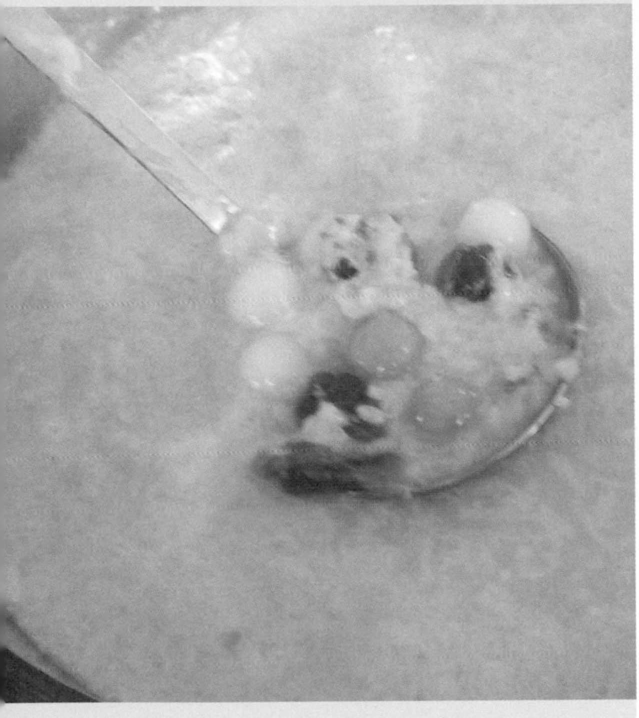

13

香腸臘肉煲飯（主菜七）

朋友從台北寄來桂來標做的臘肉、香腸及肝腸，做得相當有水準，做煲飯甚為合適。

材料：米、香腸、臘肉、蒜末

做法：❶選米：可以選泰國長米搭配臺灣米約2：1的比例，洗米後約浸1小時。❷先蒸香腸及臘肉，蒸好後有油在盤底取出。❸以取出的油炒香蒜末，倒入米續炒，加入水，米和水比例約1：0.9，這樣口感會稍硬。❹以大火滾之後，轉最小火煮約20分鐘即可起鍋。❺起鍋前加入切好的香腸臘肉及裝飾的青菜。❻另以炒鍋加醬油、蠔油及糖，做醬汁加入即可。

不可遺漏好料理

法國美食世界聞名，為各種菜的翹楚地位，尤其以米其林美食推薦廣為大眾採信，這些米其林一星、二星、三星的餐廳各有所長，做出像幅畫的藝術菜色，吃來有各種滋味，他們著重當地物產與季節時令，和我們各種時節吃不同蔬菜及漁獲，是相同的概念。台灣春天是筍子的季節，各種不同的筍，在我們的菜色有各種不同的料理；在法國各地有其地方菜，很多在台灣也相當熟悉，像南部普羅旺斯一帶馬塞漁港著名的馬賽魚湯，就是一道我們也可以常做的家庭料理，用魚骨、蝦子熬的濃郁湯頭加上三種以上的鮮魚、貝類去煮，吃完料，湯沾麵包或配飯麵都是豐富的一餐。

勃根地的名菜有紅酒燉牛肉——浸泡在紅酒一晚的牛肉，和炒得出甜度的洋蔥及蔬菜燉煮，讓牛肉含有豐富的果味與甜味，是一個方便的家庭晚餐菜或便當菜，想在晚上搭個高雅的勃根地酒也是很好的家常菜。西南部接連西班牙庇里牛斯山地區則有油封鴨，雖然它需要先用鹽及香草去醃漬鴨子二、三天，再放在低溫油封一晚，但是可以事先做好，最後在吃飯前烤一下，也是一道很方便的菜餚。在冬天的時候，有一鍋燉菜是最棒和溫暖的菜了，西南部土魯斯聞名的燉菜就扮演了這種角色，結合了香腸、豬肉、雞肉、蔬菜、豆子的元素，燉上一鍋，就是冬天晚上的完美主食。

在春天到來、蘆筍盛產的季節，台灣的法國餐廳也會以進口法國白蘆筍作為一個季節的宣告；法國的白蘆筍質地堅實、但也富含水分，可以簡單的蒸熟佐以海鹽和橄欖油去享受它天然的甜味，也可用淡雅的高湯煨它，加上另一層的味道。台灣近幾年也自己生產白蘆筍了，直徑大小甜度不輸法國，我們可以用在地食材來表現這一道法國的季節料理。

台灣白蘆筍佐紅條及蛤

材料：魚、白蘆筍、蛤

做法：❶先製作魚高湯，將魚頭、魚骨熬湯，並過濾備用。❷先將台灣白蘆筍的外皮仔細刨去較粗的部分備用。❸用煮好的高湯加入魚及白蘆筍用中火去煨，注意魚的熟度，快熟時加入蛤，待開啟即完成。

（註：白蘆筍吸收了魚及蛤的海味，帶給蔬菜的甜，呈現另一層次的風味。）

台灣白蘆筍佐蝦肉茄泥

這道菜是結合土耳其菜與法菜的創意料理，是讓蔬菜的甜披上一層伊斯蘭的濃厚風味，包括檸檬、香料、茄子燻烤後的煙燻味和蝦子的海味，賦了白蘆筍另一層次的感覺。

材料：蝦子、橄欖油、日本茄子、蝦丁、優格、蒜末、檸檬、咖哩粉、煎蝦油、白蘆筍

做法：❶蝦子的處理：大蝦撥殼去沙腸後用鹽洗淨，切小丁微炒到剛熟（蝦 部分），再用小煎鍋加入橄欖油，熱油後將蝦殼倒入煎成酥香，煎後的蝦頭與蝦油備用。❷煙燻茄泥的做法：日本茄子放在網架上直接以瓦斯爐燒烤，待皮完全焦黑後取下備用，待茄子涼後，去外面焦皮，取內心加上蝦丁、優格、蒜末、檸檬、咖哩粉及一些煎蝦油拌勻。❸白蘆筍以加蝦油湯汁去蒸熟切段。❹擺設以煙燻茄泥為底，蝦頭居中、白蘆筍排外並襯以薄荷葉。❺吃法：以煙燻茄泥當沾醬，白蘆筍是主角。

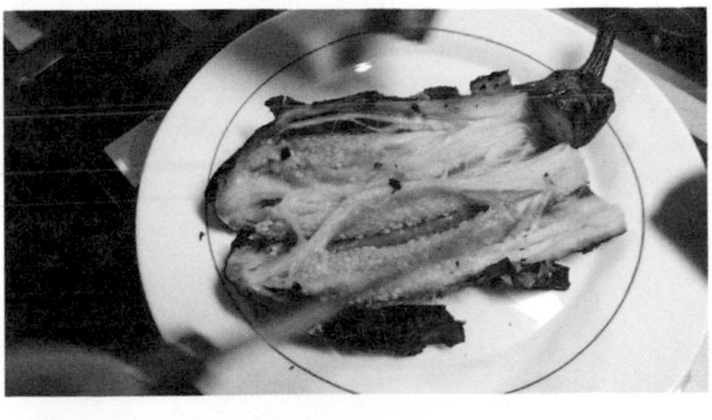

高麗菜捲 Chou Farci

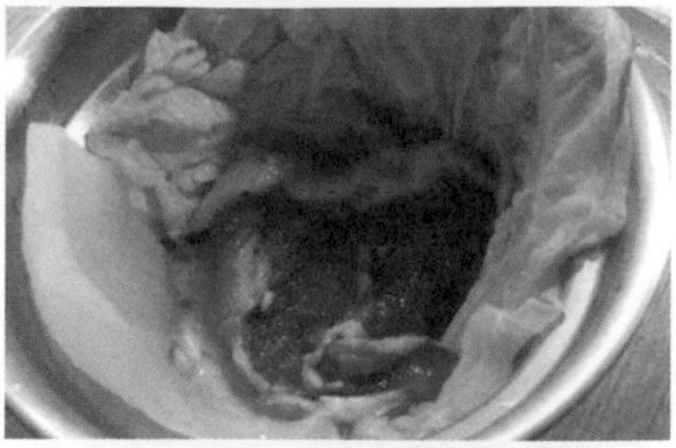

是法國西南部的一道名菜。在法國時，老師是用牛肉、豬肉、洋蔥混了白酒、羊乳酪和一些香料，用小火慢慢的燉好再切開，搭一些副菜當餐點的主食；後來到世界各地也吃到不同的高麗菜捲，像是中東的高麗菜捲就有咖哩等香料，日本式的關東煮也有高麗菜捲，裡面也是包洋蔥豬肉為主，或捲蔬菜、魚漿等各種不同的做法。其實我們中菜也有高麗菜捲，用的內容不同而已。

酒糟在中菜系裡，主要是閩菜，像福州菜中的魚、蝦、肉皆常使用，它不但有防腐的效果、也能增加香氣，用來烹煮肉類去腥、提鮮很棒。我用紅糟取代了香料，採用白菜，先將之蒸過放入容器之後，放入一層層醃好的紅糟豬肉及菜葉，採取低溫（華氏 77 度）慢烤，讓肉慢慢熟成的方式，約 7 個鐘頭，肉逐漸軟化到入口即化的地步、又有酒糟的香濃口感和蔬菜的甜，是在台灣改變老師教的做法，一個很成功的法菜實驗。

這道菜上桌時菜的主體淋上烤時留下的醬汁，再佐以一些新鮮的香草或花卉，就是很可口的主菜了，雖然和原本老師教的完全不同，但以在地材料的創作，也是很有意思的菜。

蕃茄義大利麵

好友林瑞榮醫師夫婦暢遊世界各地，嚐遍各地米其林料理，日常也非常熱愛料理，看了我們當日準備的食材，決定用我們的剩餘備料做一道麵。有：燉雞湯的芹菜葉、涼拌的烘乾小蕃茄，配菜的蕃茄和準備的白酒、煲飯剩下的香腸，及雞高湯，所以決定做蕃茄義大利麵。

先將洋蔥及蒜頭徹底炒香後，加入切碎的香腸拌炒，再攢酒加入去皮的蕃茄、熬好蕃茄醬並伴入烘乾小蕃茄，讓茄汁風味豐富，待麵煮好加入收汁並灑上芹菜葉，就是一道臨場加映的好吃蕃茄義大利麵。

非洲

Afirca

黑奴、殖民史斑斑，食物融合亞洲香料味兒

當初歐洲的勢力擴張及後續人類的移動，在亞洲另一條路線就是香料路線；歐洲人運香料從南亞經過非洲，回到歐洲的東印度公司。在荷蘭旅行會發現很有特色的印尼料理，英國也有很正統的印度料理，這都是因為當時的移工、移民甚至是奴隸在當地生了根。在非洲也是一樣，許多地方成了歐洲的殖民地，帶來歐洲文化，也帶來了亞洲香料飲食。

非洲有十二億的人口，是五大洲的第二，土地占世界約五分之一，有五十個國家，經濟上全世界排名倒數二十四，除了南非和幾個國家經濟較好外，貧窮國家就占了二十二個，在醫療照顧上有相當大的問題。沒有錢則醫療資源匱乏，甚至連藥物都缺乏，對於癲癇這個古老又受歧視的疾病，在非洲不只藥物不足，因歧視而造成的社會問題更嚴重。

在艱困的環境下做一些事情

國際癲癇局成立了一個「希望計畫」（Promising stratgies），大部分都是在幫助這些世界上最弱勢地區的病友，在艱困的環境下還能做一些事情；譬如中非的卡梅倫（Cameron），算是政治經濟較為穩定的國家，但是其人年國民所得在二〇一七年也才一千五百美金左右，還是有三分之一左右人民在極度貧窮狀況。在癲癇的照顧上，不只是國家，外國也在醫療上幫忙癲癇照顧，基本生活上也有譬如教會的協助，有義大利來的 Sister Franca，她推動癲癇

病人的自給自足計畫，包括種植農作物、飼養家禽及豬等。國際癲癇局也參與補助這樣的計畫，希望病友不論在什麼狀況下都能夠改善生活品質。藉由這些計畫，我認識了非洲的幾個好朋友：衣索匹亞（Ethiopia）的 Zenebe 及尚比亞（Zambia）的 Anthony。

之前對於衣索匹亞的印象仍然停留在難民一堆，和耶加雪菲咖啡的來源地；和衣索匹亞朋友 Zenebe 閒聊才發現，現在的衣索比亞已經大不相同（其實，我們並不完全了解另外一個國家），現在不是一九八〇年我們唱〈*We are the world*〉為他們募款救災的年代，他們已經長足進步了。

衣索匹亞的曆法和宗教有關，也是厄垂利亞正教會、天主教會和路德宗教會所使用的曆法，每四年一閏，一年有十三個月。在二〇〇七年他們才慶祝千禧年，也就是我們的公元二〇〇〇年（跟世界其他的地方，要換時間來算）。

Zenebe 是很虔誠的正教徒而且吃素，更令我訝異的是他醫療的訓練是在古巴，精通西班牙語也稍懂俄語。後來唸了衣索比亞的近代史才發現，衣索比亞很早就是東非的強國，雖然在殖民時代，英國、義大利曾入侵但並未被真正殖民，二次大戰後偏向西方，甚至有派兵打韓戰，但

sobukwe
ESTABLISHMENT OF ROBBEN ISLAND MUSEUM: Nelson Mandela at the launch of the Robben Island Museum in 1997. In the background are sketches of other South African anti-apartheid leaders, Govan Mbeki, Mandela, Steve Biko, Robert Sobukwe and Walter Sisulu.

Globe

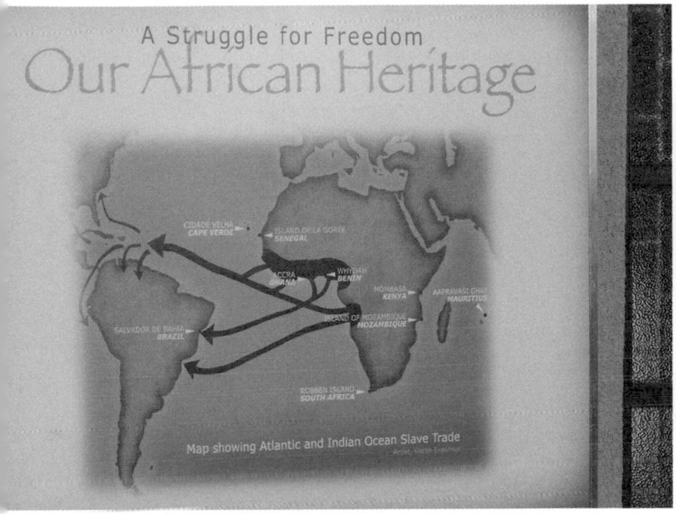
A Struggle for Freedom
Our African Heritage
CIDADE VELHA
CAPE VERDE
ISLAND OF LA GOREE
SENEGAL
ACCRA
GHANA
WHYDAH
BENIN
MOMBASA
KENYA
AAPRAVASI GHAT
MAURITIUS
ISLAND OF MOZAMBIQUE
MOZAMBIQUE
SALVADOR DE BAHIA
BRAZIL
ROBBEN ISLAND
SOUTH AFRICA
Map showing Atlantic and Indian Ocean Slave Trade

6:45

在一九七〇年代政變倒向蘇聯、古巴。原來是政治因素讓 Zenebe 的成長與訓練是偏向蘇聯的，他告訴我現正的非洲和中國大陸有密切的關係，他們的鐵道建設及公共工程都是中國大陸的工程公司，許多非洲人並不親美國而轉向中國大陸。從外國人的角度，可以見到中國大陸在世界的影響力；我們對於這些事實，並沒有辦法改變，但至少讓他們了解台灣，知道有一個民主和平的地方，和一群優秀的人才可以合作。

好朋友 Anthony 則來自南部的內陸國家尚比亞；尚比亞與我們並無邦交，政經情勢算穩定，但周邊國家像剛果等就長年戰亂，國人鮮少拜訪，經南非再轉往拜訪是我們比較方便的飛行途徑。南非算是非洲比較進步的地方，國際上熟知南非的曼德拉總統，他致力於廢除種族隔離制度和實現種族和解，以及消除貧困不均，他因此甚至被囚禁在小島上。

歐洲人運香料經過這裡，食物也飄香

在當地看了當初黑奴的運送路線，也了解到這個世界千年來的變化。當初歐洲的勢力擴張及後續人類的移動，在亞洲另一條路線就是香料路線；歐洲人運香料從南亞經過非洲，回到歐洲的東印度公司。在荷蘭旅行會發現很有特色的印尼料理，英國也有很正統的印度料理，這都

是因為當時的移工、移民甚至是奴隸在當地生了根。在非洲也是一樣，許多地方成了歐洲的殖民地，帶來歐洲文化，也帶來了亞洲香料飲食。

非洲的食物裡融合了亞洲的香料，成為它們獨特的風味，像摩洛哥常用的塔吉鍋料理燉肉，就是運用香料很常見的例子。來到南非的開普敦，發現有一馬來西亞社區、馬來回教堂、馬來香料店和當初的移工留埠，也有純正的馬來食物；經過南非時順道在馬來社區裡學到了標準的馬來西亞食物，像咖哩角（Samosas）、羅提（Roti）配咖哩雞，也算是很特別的體驗。

羅提源自印度，在印度又稱印度麥餅（Chapati），在許多南亞國家像新加坡、斯里蘭卡都相當普遍，用來沾咖哩羊、雞、蔬菜等。羅提通常是用全麥麵粉加鹽、水做成麵糰，醒麵三十分鐘後切適合大小，用擀麵棍擀成直徑約二十公分的圓餅，在平底鍋煎黃兩面，最後也可以放在瓦斯火爐上讓它膨脹好幾倍大。

至於咖哩角，通常是用麵粉，或在中東及非洲常用的千層皮（Filo Pastry）包餡料將之油炸或烤。常用芝蘭、茴香、咖哩等香料炒香洋蔥，加入絞肉、馬鈴薯、扁豆泥、松子等作餡料，最後配上酸甜醬來吃；用千層皮包的咖哩角酥脆且香，格外好吃。

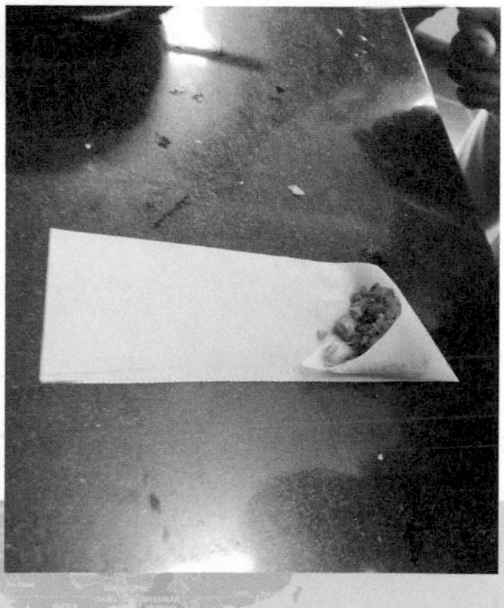

這裡有咖啡迷喜愛的味道

衣索比亞的食物有些則和我們有驚人的類似，最常見的是因傑拉（Injera）；製作因傑拉最重要的穀物是苔麩或者小麥、大麥、王米等。將穀物略發酵做成麵糰，然後放在像我們做春捲皮的陶土，靠火烘烤完成。因傑拉的底面較為光滑，頂面則多孔，這種多孔結構使因傑拉很容易的沾料和捲菜；吃法就像我們四月清明時捲春捲一樣，把做好的料放進麵皮捲來吃，只不過是完全用手來捲的，而且他們用了許多不同的香料來製作。

講到衣索比亞，不能不提咖啡；據研究咖啡是源自於此。現在除了衣索匹亞、肯亞及盧安達（Rowanda），蒲隆地（Burundi）、坦桑尼亞（Tanzania）等地也都有咖啡的輸出。雖然我們有時候喝一杯得花不少錢，但是因為盤商層層剝削，在產地的價格可能相當低，對於生產者來說相當的不公平。

在非洲，從一九八〇年左右興起了公平交易的理

念，公平貿易制度比較友善小農，對咖啡小農承諾提供一個能維持生計與永續經營的「保證收購價格」；這個價格能讓農民免除價格波動的傷害與保持生存尊嚴，同時可利用社區發展基金，改善當地社區水電、醫療、教育等基礎設施。

另外，衣索比亞政府也創立了ＥＣＸ（Ethiopian Commodity Exchange），即衣索比亞商品所，希望減少中盤商剝削農民的情況。在各大產區建立集貨中心，提供基本的物流服務，使得這些小農們能連結上全國的市場，減低對當地中盤商的依賴。此外，又與美國精品咖啡協會ＳＣＡＡ（Specialty Coffee Association of America）合作，訓練一批專業的咖啡評鑑師，在實驗室裡替農民們送來的豆子分級。除了提供市場有效運作所需的基礎建設（集貨中心、電腦拍賣系統），一方面則是提供買賣雙方可信的分級制度。這樣的分級制度，不只是帶給買家保障，也有刺激農民奮發向上、好好努力提升品質的效果。

在台灣，精品咖啡目前也是市場的主流之一；非洲的咖啡豆不少，大家熟知的耶加雪菲就是衣索匹亞的豆子，淺焙的耶加雪菲帶有柑橘和檸檬的香氣和漂亮的酸度，是很多咖啡迷喜愛的味道。肯亞咖啡則帶有梅子調，好的ＡＡ豆在烘焙下產生烏梅味，品嚐起來有深長的喉韻，也著實令人著迷。

辦一場非洲餐會，和好朋友分享歡樂

在拜訪非洲的朋友們之後，對於行程中見到的一些食物重新做了一些詮釋，辦了幾次餐會和家人朋友們共享，節錄了其中的餐會和一些餐會歡樂的氣氛。

1

西班牙伊比利火腿

朋友帶來一隻伊比利豬腿當作前菜，伊比利豬是西班牙的特產，是一種黑蹄深毛的豬，這種豬幼時吃野生植物、橄欖，到了需要增肥階段，就會讓牠吃橡樹果實，吃了大量橡實的頂級伊比利豬，火腿裡帶有獨特的橡實香氣，加上油脂豐富，讓腿肉帶有瑰麗的油花。西班牙人吃火腿片不用刀叉，一說刀叉會影響肉的風味，直接用手拿取（當火腿片與室溫接觸後）。一般來說，在西班牙，火腿被當作前菜單獨食用，不另外加以烹調，搭配西班牙雪莉酒或紅酒品飲風味更佳；也可以用長棍麵包鋪上兩片生火腿來吃，就是美好的組合。當天也準備了雪莉來搭配，相得益彰。

2

酥炸咖哩山藜豆

山藜豆因其沒有麩質，所以對許多麩質過敏、不能吃帶麩麵包或饅頭等麵食的人來說，是一個很好的代替品。另外，以色列很普遍的食物——豆泥蔬菜球（Falafel），就是用山藜豆做的，非洲國家倒是常用蠶豆（Fava Bean）泥來做蔬菜球；以色列人不用蠶豆是因為像客家人一樣比較多蠶豆症，吃了蠶豆會產生溶血，原因在於身上少了一種酶（稱之 G-6PD deficiency 的一種遺傳性疾病）的關係。

材料：山藜豆粉（也稱鷹嘴豆）、小茴香（Cumin）粉、薑黃粉、茴香（Fennel）粉、胡荽子（Coriander）粉、咖哩粉、凱燕辣椒粉、發酵粉（Baking Powder）、檸檬汁

做法：❶用山藜豆粉加其他所有的粉類。❷再加檸檬汁及逐步加水，使其可成鬆的麵糰，做成一顆顆的小球放入約 攝氏 160 度的油鍋，炸浮起來即可。

雞肉咖哩餃 Samosa

我們這次是仿南非馬來的做法，直接用市售的千層皮（Filo Pastry）當外皮。

材料：雞胸肉、青豆、洋蔥、蒜頭、薑、咖哩粉、匈牙利紅椒粉、胡椒粉、西洋香菜、千層皮

做法：❶先將雞胸肉切小粒備用，青豆蒸熟備用，洋蔥切粒，蒜頭及薑剁碎。❷起油鍋先炒香洋蔥約 10 分鐘，再加入蒜頭、薑續炒香後，拌入咖哩粉、匈牙利紅椒粉、胡椒粉，炒香加入雞粒炒熟，最後拌入西洋香菜和青豆，用千層皮做三角錐形填入餡料再以麵粉水封皮，以油溫攝氏 170 度炸到金黃色即可。

（這兩樣炸物可以準備酸甜醬來沾）

4

炭烤印度起司＆地瓜濃湯

〈起司〉

將鮮奶煮沸加上檸檬汁，這是有固狀物形式，將上層固狀物撈出，放入定型板，將水分壓出，定型後稍冷藏，切成四方塊狀，在烤盤略烤加鹽及橄欖油。

〈紅地瓜塊〉

先稍蒸，切成四方塊狀在烤盤略烤加鹽及橄欖油，用竹籤插入烤起司與烤地瓜。

〈地瓜濃湯〉

準備地瓜 500g、南瓜 500g、4 杯蔬菜濃湯、1 盒椰奶、1 匙碎薑、2 顆蒜碎、1 匙魚露、鹽、胡椒、檸檬草、水。將以上材料加入鍋中煮約 20 分鐘，將檸檬草取出，用攪拌器打勻放入盤中，以香煎起司及蕃薯作裝飾。

3

摩洛哥鮪魚

這道菜選用生食級鮪魚，像日本炙燒魚的做法，讓外焦內生，不同的是它泡了摩洛哥醬料，炙燒過再上一層醬料，有香料也有檸檬的酸性調，讓鮪魚的層次整個豐富了起來。

材料：生食級鮪魚、橄欖油、小茴香、新鮮檸檬皮碎

醬汁：胡荽子、小茴香、匈牙利紅椒粉、凱燕辣椒粉、蒜末、義大利香菜、香菜、檸檬汁、橄欖油

做法：❶將橄欖油、小茴香、新鮮檸檬皮混合好，淋在鮪魚上，冷藏約 10 分鐘。❷將胡荽子、小茴香、匈牙利紅椒粉、凱燕辣椒粉放鍋中炒香，再加其他配料拌勻。❸鮪魚放在烤盤，每面烤約 1 分鐘，內部仍是生熟。❹塗上醬汁，加烤蔬菜擺盤。

5

摩洛哥風味羊腿義大利麵

材料：帶骨羊腿、奶油、蒜頭、小茴香粉、胡荽子粉、匈牙利紅椒粉

做法：❶先用小刀將羊腿雙側劃深的刀痕，並預熱烤箱到攝氏 220 度，內要放水盤保持濕潤。❷將鹽和香料混合好，然後均勻抹在羊腿以及刀痕內。❸將抹好的羊腿，以骨在下放上深烤盤，放入烤箱約 10 分鐘，這時拿出將烤出的肉汁抹在羊腿上，同時將烤箱調低溫度到攝氏 160 度，將羊腿放入，烤約 3.5 小時，每 20 分鐘拿出塗抹肉汁在羊腿上保持其濕潤。烤好後其肉汁留作為炒義大利麵的醬汁。

6

北非咖哩搭手工烤餅與香米飯

〈手工烤餅（做法類似 Roti）〉

麵粉中加鹽再慢慢加水，用手攪拌，最後將麵糰揉 5 分鐘，揉好後用保鮮膜包好，讓麵糰醒約 20 分鐘，醒好的麵糰揉成長條，由長條切成適當小塊揉圓，用擀麵棍將之擀成為圓圈狀，擀好後放入無油煎鍋，煎稍黃，直到兩面起小泡泡，將之放在瓦斯爐火焰上，這樣餅中心會膨起，待膨完全之後，可以抹奶油在雙面。

〈香米飯〉

非洲和南亞都是用長米，另外會加香料或雞高湯，今天的香米飯是加雞高湯來煮，用以搭配北非咖哩的香料。

〈北非咖哩牛肉〉

材料：牛肩胛肉、洋蔥切碎、蒜頭切碎、橄欖油、黑胡椒、蕃茄、鹽、檸檬、蜂蜜、香菜、巴西里、葡萄乾、杏子乾、Harrisa、Hanout

（註：Harrisa 是一種辣醬，由 125 克乾的紅辣椒、1 大匙乾薄荷、1 大匙胡荽子、1 大匙小茴香、10 顆碎蒜頭、1 大匙香芹子，用橄欖油炒過再用果汁機打碎的醬料。Hanout 是混合香料的名稱；內含 1/2 小匙丁香粉、1/2 小匙凱燕辣椒粉、2 小匙眾香料粉、2 小匙小茴香粉、2 小匙薑粉、2 小匙黑胡椒粉、2 小匙荳蔻粉、3 小匙肉桂粉、3 小匙胡荽子粉、6 小匙肉豆 粉）

做法：❶ 將牛肩肉切成 2.5 公分左右方塊，將之放入沙鍋中，加入洋蔥、蒜頭、橄欖油、hanout、harissa 及鹽，將肉和這些配料攪拌並預熱烤箱到攝氏 140 度。❷將蕃茄去皮去子切塊，鹽漬檸檬切塊，和蜂蜜、香菜一起入鍋，蓋好放入烤箱約 3.5 小時，最後再加葡萄乾，杏子乾伴入。

烤蕃茄義大利麵

在不同次的非洲餐會中，也做了一道在南非吃到的蕃茄義大利麵；麵被包覆在蕃茄中烤後，濃厚的蕃茄混合鯷魚的香味讓麵整個都活了起來，是一道很漂亮的南非風義大利麵。

材料：大顆牛蕃茄、橄欖油、巴沙米可醋、扁麵（Tanglitelle Pasta）、羅勒、帕瑪森乳酪、鯷魚、蒜末、洋蔥末、胡椒、碎牛肉、碎豬肉、白酒

做法：❶先將烤箱預熱至攝氏 180 度。煮水一鍋，煮麵到心仍硬約七分熟。❷蕃茄切蓋，挖去內心，內心將之打碎。❸洋蔥及蒜末炒香後加鯷魚，續炒香拌入碎牛及豬肉稍炒，後嗆白酒，加蕃茄，加麵收汁。❹加鹽、胡椒、帕瑪森乳酪。❺炒好的麵加入蕃茄，加蓋，淋橄欖油及巴沙米可醋、胡椒及羅勒碎烤約 30 分鐘。擺盤後刷青醬作為醬汁搭配。

7

芒果冰淇淋

材料：芒果、蘋果、君度橙酒、檸檬、冰糖
無糖優格、乳酪起司

做法：❶做芒果果醬：先將蘋果切成小丁，
小火炒 30 分鐘成為糊狀，加入芒果丁續炒
30 分鐘，最後加檸檬及冰糖調整酸甜。❷做
果乾：將芒果切片，置入攝式 77 度烤箱約
小時。❸將芒果醬加芒果乾丁、無糖優格、
酒、乳酪起司，攪拌均勻放入冷凍。❹用冰
淋勺子挖出，做裝飾即可。

祕魯

Peru

印地安人也愛吃中菜？神祕小國有特色

在南美洲讓我比較訝異的是神祕小國祕魯，有日本人當過總統，甚至有研究發現印地安人和古老的中國有連結，也愛吃中菜，更融合了當地許多的特色玉米、馬鈴薯和藜麥等等食材，食物表現非常的有特色。

南美洲離台灣相當的遙遠，不論是從美國轉機或是從紐澳轉機，都要花上三十個小時以上，到南美洲著實是累人的旅程；但說著西班牙話的民族卻是親切且好客，令人有賓至如歸的感覺。

來到熱情的國度，旅人小心安全

幾次到南美洲，都享受著 Amigo（西班牙語「朋友」的意思）的友善待遇，幾位南美洲熱情為癲癇病友爭取福利的好朋友，各自在智利、祕魯、宏都拉斯、巴西推動許多活動，而且他們藉由南美洲衛生部長聯盟的關係，讓癲癇成為南美洲各國衛生政策的重要施政項目，這樣對癲癇病友在健康政策、社會福利以及減少歧視方面，都能由國家的力量來推動，可以達到相當的成效。

南美洲雖然熱情，但是當地的治安還是旅行時的一大顧忌。有一次到巴西，飛機旁邊坐的是我們派駐巴西的使館人員，在機上請教了他許多問題，他告訴我一個人外出還是要小心安全，前不久一位台灣人也是很獨立，到亞馬遜後來被謀殺了，我本來想去里約熱內盧附近著名的貧民窟拜訪的行程只好取消；不過使館的人員真的很熱心，後來還安排代表和我們吃飯，雖然已經事隔多年，也忘記當時使館代表的姓名，還是要感謝他幫忙我們這些到外地的國民。

在南美洲有幾位一起共事的好朋友，智利的 Carlos 年紀大我很多，一直把我當小朋友，他有很深厚的老時代南美洲白人的特色，熱情、很重家庭觀念、好客且優雅。我們常在媒體上看到台灣人以好客助人著稱，又有東方人的家庭觀念，但認識了這些南美人，發現家庭真的是普世價值，他們更將家人放在第一位，好客也絕不輸給台灣人。

另有一次和一群阿根廷人在安地斯山脈的巴里洛切（Bariloche）進行醫療活動，山上天氣較寒冷，來杯熱茶或熱咖啡是取暖最好的方法。在阿根廷比較特別的是馬黛茶，喝馬黛茶有個特別的容器，有一個長的吸嘴，水加進容器中待有味道之後，每個人傳著由長吸嘴吸汲茶水；互傳馬黛茶的過程代表著朋友的情誼，在我們喝茶的習慣中，覺得吸別人用過的吸管總覺得怪怪的，但是這在阿根廷就是對方把你當朋友的方式，好像我們常說的哥兒們穿同一條內褲長大的意思。

令人訝異的神祕小國：祕魯

南美洲有厄瓜多（又稱厄瓜多爾）、哥倫比亞、委內瑞拉、祕魯、巴西、智利、玻利維亞、巴拉圭、烏拉圭、阿根廷、蓋亞那、蘇利南；另外還有法國與英國的屬地：法屬圭亞那、英屬福克蘭群島。除了巴西講葡萄牙語，其他幾乎都是西班牙語，混合了白人、印地安人和非洲人的後裔，文化和食物上也是這三種文化的混合。巴西的串烤肉和阿根廷的牛肉是大塊吃肉的朋友們的最愛；南美洲地域廣闊，有安地斯山、許多湖泊，與四面靠海、物產豐富、食材變化多，自然有許多好料理。

在南美洲讓我比較訝異的是神祕小國祕魯，有日本人當過總統，甚至有研究發現印地安人和古老的中國有連結，也愛吃中菜，更融合了當地許多的特色玉米、馬鈴薯和藜麥等等食材，食物表現非常的有特色。也藉拜訪好友 Carlos 的情誼，準備了一次祕魯的餐會，和同事們一起分享南美洲的食物。

異國的餐桌 4

和同事分享南美洲的食物

藜麥是安地斯山脈地區的作物，在當地有七千年的種植歷史，古印加人更是把其奉為「精神糧食」，在南美土著的文化禮儀、宗教信仰和祭祀活動中，經常能夠看到藜麥。

Menú del Chef Carlos

DUBL Falanghina Brut Spumante ,Italy
義大利 DUBL 氣泡酒

祕魯檬溜海鮮
Ceviche peruano

牛腹肉 Chimi Churri
Carne de Res Chimi Churri

祕魯肉派配紅藜麥湯
Empanada & Peruvian Quinoa Soup

2007 Chateau Musar White
黎巴嫩慕薩酒莊陳年白酒

芒果鮮蝦包
Bollo de Mango camarones

雞肉串
Anticucho pechuga de pollo

Rivetto Barolo DOCG del Comune di Serralunga d” Alba
義大利利維托酒莊巴洛羅陳年紅酒

特製臘味煲仔飯
Arroz Salchicha Cantonese

祕魯甜甜圈
Picarones

做法：

醬汁 檸檬汁
Lime juice
西洋芹
綠辣椒
小紅洋蔥
+鹽

→ +冰塊 → 果汁機打
→ 加入 pulse 3-4次
↓
加鹽 → 冰鎮

魚（生食級）+小卷（生食級）+ 鹽 先泡一下
加入冰塊 + 醬汁 +
5~15分（依魚及小卷大小決定時間）
↓
去冰塊 + 裝飾 + 鹽
pepper

裝飾可選擇
1. 玉米 2. 紅洋蔥（切碎）泡冰
3. cilantro
4. 小蕃茄
5. 酪梨

1

祕魯檬溜海鮮（國菜）Cerviche

這道菜在祕魯的海港邊或是大街小巷、市場、正式的餐廳，都可以吃得到，裡面放的料和擺飾各有不同，主要的做法倒是一致，最重要的是要有新鮮可以生食的魚貨，加入萊姆及檸檬汁讓它熟成，熟成的魚加上辣椒、紅洋蔥、蕃茄、玉米等的裝飾，魚的選擇以白肉魚，在祕魯常用海鱸魚（Sea Bass）或是龍脷魚（Sole），至於我們常用的旗魚或是海鱺魚也可使用，另外新鮮小卷及生食級的蝦也是很好的選擇。新鮮的魚肉經過檸檬的熟成配上辣椒，酸辣豐富了魚肉的油脂，是絕妙的配合。

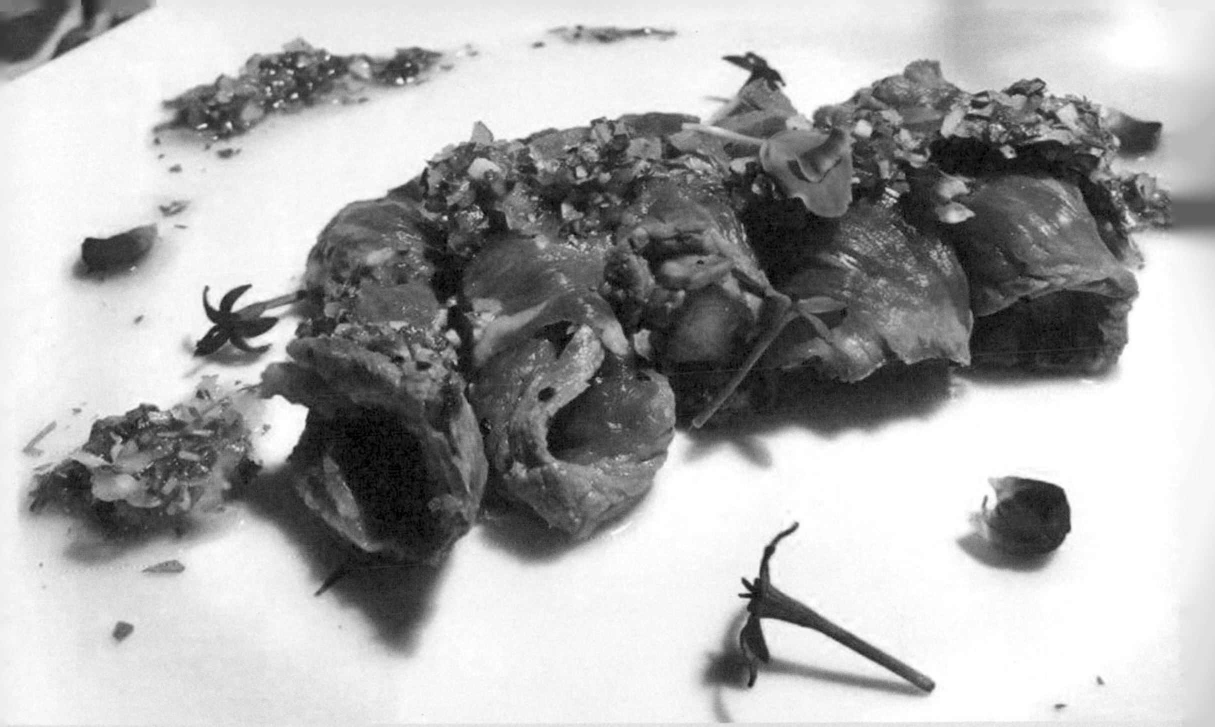

2

牛腹肉 Chimichurri

Chimichurri 在南美洲是相當盛行的醬汁，它的源頭在阿根廷，一般稱阿根廷青醬，是由巴西利（Parsley）與奧勒岡（Oregano）、香菜（Cilantro），加上鹽、紅蔥頭、蒜頭、檸檬或醋加橄欖油調和而成。這醬汁搭配炙烤牛肉、豬肉或雞肉、魚肉都很完美，甚至拿來拌沙拉或義大利麵也有另一番風味。

阿根廷人常用 Carne Asada Flap Steak（牛腹肉心），「Carne Asada」是西班牙文的「Grilled Meat 烤肉」；最常用來烤肉的部位是 Skirt Steak（側腹橫肌牛排）、Flank Steak（牛腹脅肉／側腹牛排），我們這次也是使用側腹牛排。這部位的牛肉通常切得比較薄，肉質、油花也不若常見牛排如菲力、沙朗、肋眼般雪花細緻，不過牛肉的風味特別濃郁，嚼起來牛味十足。處理時常經過醃漬、熱炒或燒烤後切條食用；一來醃漬液體可以補充肉類的先天不足，二來高溫炙燒可以鎖住內部肉汁，三來切條破壞長鏈纖維，讓肉質更好入口，墨西哥名菜 Fajita 就很常使用切條的 Skirt Steak。在配菜方面我們選擇了當季的鳳梨，經過煎烤的鳳梨充滿了甜味，中和了 Chimchurri 的酸，帶給牛肉多一層的風味。

（註：前兩道菜有其酸度，我們選擇了氣泡酒稍帶一點點水果的甜味，來配合海鮮及牛腹肉。）

做法：

1. Chimichurri 醬汁.
   Parsley
   奧勒岡
   蒜頭
   洋蔥
   紅辣椒
   Vinegar → 檸檬 替代
   oil
2. 牛腹肉
   外煎, 肉 rare, 切薄片. 加t
3. 烤鳳梨

3

紅藜麥湯佐祕魯餡餅

〈藜麥湯〉

在安地斯山脈上寒冷的氣流下，最高興的是看到有熱騰騰的藜麥湯，或剛烤好的南美餡餅 Empanada，整個身體都暖了起來，可以有體力再爬山走下去了。

藜麥是安地斯山脈地區的作物，在當地有七千年的種植歷史，古印加人更是把其奉為「精神糧食」，在南美土著的文化禮儀、宗教信仰和祭祀活動中經常能夠看到藜麥。就有傳說稱，藜麥是太陽神賜予安地斯人的食物。但是西班牙人占領南美後，文化、食物的殖民廢除藜麥，幸好它生命力強韌存活下來，後來發現藜麥是一種高營養素密度的穀物，其含有的蛋白質優於一般穀物中的蛋白質；另外，胺基酸和脂肪酸構成也十分合理，礦物質含量也高於穀物中的含量，甚至與核桃、芝麻等的含量接近，這也是藜麥被稱為「完美糧食」的原因，甚至被選為太空人的食物，藜麥因此走紅變成流行而高價的食物，但在安地列斯山，它仍是最重要的民眾食物之一，常用在沙拉及湯品上。我們今天做的藜麥湯是以蔬菜湯的做法，炒香洋蔥及香料加蔬菜高湯煮藜麥。

〈祕魯餡餅〉

應該是西班牙或葡萄牙傳到整個南歐及中南美州國家的小點心，可分為炸的與烤的兩種做法，外型大多呈半圓月形，與我們的咖哩餃類似。南美餡餅在內餡的運用，可有各式肉類像牛肉、雞肉、培根、香腸等，也可以用起士、海鮮、蔬菜等，再搭配一些乾果和辛香料調味。我們祕魯餐會是用羊肉伴芝蘭和匈牙利紅椒粉，再加洋蔥及葡萄乾水煮蛋作內餡。

4

芒果鮮蝦包

祕魯在農作物方面，芒果外銷也是大宗，他們也有很多不同種的芒果，因為季節和北半球相反，所以生產季正好錯開，銷往歐美居多。在當地，芒果也可作為芒果 Cerviche，是相當受歡迎的料理；另外，在他們的國酒——皮斯可酒（Pisco）中，常見一種酸味皮斯可（Pisco Sour）的調酒做法，是以皮斯可酒加入酸甜的果汁及雞蛋，加入芒果 Pisco Sour de Mango，也是很普遍的調酒。餐會裡用仿潮卅菜石榴包的做法，將芒果、蝦仁混苧齊碎肉炒香，包入蛋皮中再稍作煎香處理，再淋醬汁。

做法：

1. 麵皮

蛋、太白粉、巴西里 Parsley

先煎餅皮

厚度約 0.2cm

2. 內餡

芒果丁

蝦仁（熟）

荸薺（熟）

碎豬肉炒

3. 包好後以煎方式

做法：

洋蔥炒香 續加蒜頭炒香

紅蘿蔔切小塊
Oregano 奧勒岡
番茄
↓
加入蔬菜高湯（或雞湯）
↓
藜麥先浸水 5-10分
加入以上

好後 cilantro 裝飾
另外加鹽 pepper.

做法：

1 餡料

1. cumin.
2. paprika.
3. onion
4. 牛肉（ground）

葡萄干 鹽
水煮蛋 pepper
olive oil

2 Empanada 皮做法

中筋麵粉
baking powder
鹽
奶油
水

混合好後 → crust → 加水（逐漸）→ soft ball → 1小時 → 分小個.壓圓 → 包好

3. 烤 350°c 30分

5

雞肉串

在祕魯的大街小巷裡常見烤肉串燒的小攤子，Anticucho 可以稱作祕魯串燒，串燒可以用各種不同的肉和部位，最常用的是牛心，它先浸在芝蘭，蒜頭，檸檬和胡椒及鹽的醬汁裡，在街頭烤一串串的，其中也可以夾一些蔬菜像是綠椒之類，和馬來西亞沙爹、日本串燒有異曲同工之趣，不同的是醬料的使用。我們餐會時使用的是雞胸肉，先經過低溫烹調方式，泡醬後稍烤，維持肉質的鮮嫩，及香料的增益及檸檬帶來酸度，口感極佳。

（註：芒果鮮蝦包及肉串味道豐富，也有香料味，我們選擇了 Musar 的白酒，有其濃郁的味道來搭配。）

做法：

1. 醬汁

cumin　　檸檬汁
胡椒.　　or
蒜頭　　White wine vinegar

2. 肉的選擇

(原始是以牛心)

雞胸肉　　{ 青椒
雞心　　　紅椒.
雞胗

3. 配菜

烤 potato

配蒜頭、皮.

6

特製臘味煲仔飯

在餐會當天，酒與餐搭配的最好的是祕製臘味飯與義大利 Rivetto 的巴羅洛（Barolol）酒。祕製臘味飯的做法在別的章節已有詳述，臘腸與臘肉有點煙燻味，甜味搭上義大利的巴羅洛酒，非常的搭配；巴羅洛酒酸度夠，而且單寧夠，它的單寧用香腸與臘肉的油包覆著，馴服了高單寧的澀度，酸與香腸的甜味起了中和的作用，巴羅洛自身的漿果味道就自然浮現，是個完美的組合。

7

祕魯甜甜圈 Picarones

在祕魯的小吃攤中，炸甜甜圈是很受大人小孩歡迎排隊的地方。它乍看之下和我們熟悉的甜甜圈一樣，炸的圓圈餅中間有個洞，沾糖粉或裹糖漿吃，但嚼下去才發現大大的不同；我們的甜甜圈一般是麵粉、糖、奶油、雞蛋混好發了去炸，但是他們因山脈的關係有許多當地農作物，所以會加南瓜及地瓜混在麵粉中，吃起來和我們一般較蓬鬆的口感不同，除了嚼勁不同外，它多了南瓜及地瓜的香氣。

材料：500 克南瓜、500 克地瓜、3 根肉桂、2 茶匙八角仔、1 茶匙丁香、1 大匙發酵酵母、1 大匙糖、2 顆蛋、1/4 杯皮斯可（Pisco）或白蘭地、3 杯麵粉、1 升橄欖油、1/4 杯糖蜜、1+1/2 二砂、1 顆橘子、2 個萊姆、1/2 杯水

做法：❶在煮鍋加水煮沸，加入 2 根肉桂棒及 2 茶匙的八角及 1 茶匙丁香。❷南瓜和地瓜去皮切大塊，放入滾水中煮軟，南瓜先好先移出，續讓地瓜軟後移出，放冷後將這兩種料壓成泥。❸將剛才的煮水放涼後，取 1/2 杯加入發酵酵母和糖放入盆中，發酵約 5 分鐘。這時在盆中加入蛋及加鹽的南瓜、地瓜、皮斯可酒，用攪拌模式充分混合，這時逐步加入麵粉，攪拌約 5 分鐘，最後麵團是軟黏而光滑，放在室溫，使它成為 2 倍大。❹做糖漿：在小炒鍋加入橘子、萊姆汁、糖蜜、糖、橘子片、萊姆片、一根肉桂、一茶匙丁香、1/2 杯水，煮沸轉小火讓汁慢慢黏稠成糖漿，好了之後移開剛加了固體的添加物。❺當麵糰已脹成 2 倍大，這時起油鍋到溫度約攝氏 170 ～ 180 度，手先放在鹽水中，拿出適當的麵糰大小，先將麵糰壓成圓型，以三隻手指穿過中心放入油鍋，一面約 20 秒鐘，直到甜甜圈成為金黃色，移出放在吸油紙上，加糖漿即可上桌。

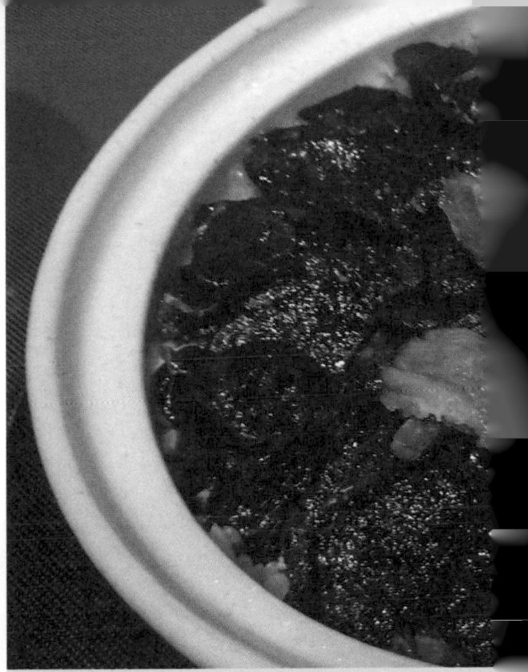

鳳梨苦瓜

當天餐會有位同事吃素但後來生病未能參加，準備了一些素的小菜就由大家分享了。在鳳梨生產的季節裡農家都會做鳳梨豆醬，朋友送了一瓶手做的好味道鳳梨豆醬，加一些新鮮鳳梨加入苦瓜，淋上好的醬油，加些冰糖及米酒，稍燉一下收汁，就是很好的涼菜。

馬來西亞

Malaysia

品嚐南洋美食，要先了解三大族和娘惹

馬來西亞和印度因為十六到十八世紀的香料貿易，造成西方人航海探險及後來的貿易及殖民，因此，在於菜色上有相當多香料的運用，加上靠海且位在熱帶地區，菜的烹調也融入了蝦醬、魚露、椰子、椰奶、羅望子、香茅、南薑等當地的特產，增添菜的風味。

羅望子

和馬來西亞結緣，是日本的 Seino 老師交棒他亞洲癲癇醫學會負責人的身分，給馬來西亞的 CT Tan 教授；Tan 的發音以閩南語為陳，陳教授是馬來西亞華裔，也會說一點華語，他相當致力於消除及改善人們對於癲癇症的歧見，我有機會和他在越南、中國合作，進行一些癲癇生活品質促進計畫，也數度來往馬來西亞。

融合馬來人、印度人、中國人、娘惹

馬來西亞由之前的橡膠生產大國逐漸轉型，每次拜訪都有新的風貌。吉隆坡機場在一九九八年啟用，同時市區的雙峰大樓也啟用，成為當時的世界第一高樓，當年我正好前往馬來西亞見證了這新時代的來臨。

馬來西亞人口主要由馬來人、印度人和華人為三大族群；在中國城裡還可以看到明朝皇帝賜給當時蘇丹王的碑文，以當時的條件真的是難以想像——明朝鄭和的船隊在七百多年前來到了現今的馬來西亞，這些船艦七次的下西洋壯舉，以及當時人們由中國大陸移民到南亞的軌跡。

由於各民族不同，馬來西亞的食物也以這三種族為特色；在華人方面，其中有一種特殊的族群是馬來人和華人通婚的後裔稱為娘惹，他們融合了這兩族的菜色而轉型為合體的娘惹菜。馬來西亞和印度因為十六到十八世紀的香料貿易，造成西方人航海探險及後來的貿易及殖民，因

此，在於菜色上有相當多香料的運用，加上靠海且位在熱帶地區，菜的烹調也融入了蝦醬、魚露、椰子、椰奶、羅望子、香茅、南薑等當地的特產，增添菜的風味。

逛馬來的夜市和在台灣的夜市一樣的有趣，小吃熱炒很多，又結合了馬來西亞、華人和印度人的特色；其中沙爹是夜市的熱門食物，烤的羊肉沾了花生的醬汁在炎熱的天氣仍舊非常爽口。還有很多賣馬來西亞麵食叻沙（Laksa）的小攤，叻沙在魚的湯頭裡加上羅望子的酸及辣椒，酸酸辣辣的魚麵在熱帶的氣候下讓人胃口大開。沿途買幾顆紅毛丹，喝一杯椰子汁，再帶上一點五顏六色的娘惹糕，都是逛夜市帶來的滿足感。

要了解馬來西亞菜，就要了解它們是馬來人、印度人、中國人的文化綜合體，所以有三種不同的菜系和不同菜系綜合體。以馬來西亞菜系來說，比較重要的醬料像亞參醬，是以羅望子、南薑、香茅、馬來辣椒等香料配成的，用來做肉類的菜式；參巴醬是用蝦米、薑花、新鮮、辣椒、酸豆等調配而成，酸香為主，可用在做貝殼類和魚

類菜式。馬來西亞與華人綜合體的娘惹醬則是以薑花、檸檬、辣椒等香料配成，多用來做海鮮菜；印度菜則以咖哩為主軸。

為朋友慶生，辦一場馬來盛宴吧！

朋友從馬來西亞回國，帶回馬來西亞的一些醬料，所以就在朋友的生日慶祝會辦了一場馬來西亞餐會，也回敬當年在馬來西亞教我做馬來菜的朋友。當天設計了有五道菜轉折的 sorbet，與一道甜點。第一道開胃菜是馬來西亞夜市常見的馬來西亞咖哩餃，第二道是用參巴醬炒烏賊（Sambal Sotong Squid），第三道是馬來羊肉湯（Sup Kambing），中間轉換舌尖的是蘿勒雪葩（Sorbet），接下來是主食仁當牛（Rendang Beef），不吃牛肉的則改成娘惹豬排或雞肉（Nyonya Kari Kaitan）搭馬來餅（Roti），接著是娘惹咖哩雞（Nyonya Curry Chicken）搭番紅花香料飯，最後甜點是幕斯卡多葡萄柚果凍。

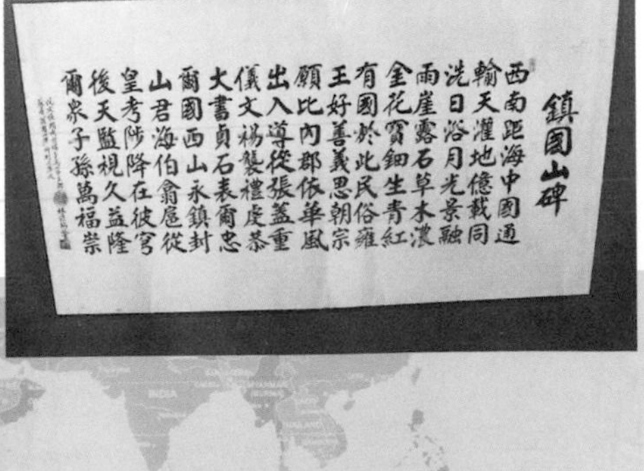

1

馬來西亞咖哩餃（夜市常見）

做法：

前菜　、馬來咖哩餃 Malaysian Deep fried curry dumpling.

材料：馬鈴薯. 蕃薯(紅)
薑泥. 蒜泥.
洋蔥 切末
雞腿肉(絞)
Graham Masala.
盐. 糖

做法：1. 薑. 蒜泥炒香
2. 雞肉加洋蔥炒香
3. 馬鈴薯. 紅蕃薯蒸熟
①+② 加 Masala 炒香 拌入③
放入味
可用水餃皮　叉子

熱油 180°c 炸到金黃.

異國的餐桌5

辦馬來西亞餐會，回敬當年教做菜的朋友

我們配了一隻陳年的南法紅酒小教堂（Paul Jaboulet Aine），它有著果醬、甘草、燒烤和煙燻的氣息；入口有甘草、果醬、煙燻和深度烘焙咖啡的味道，酒體因為陳年的關係比較輕柔，搭上咖哩雞和香料飯還算不錯。

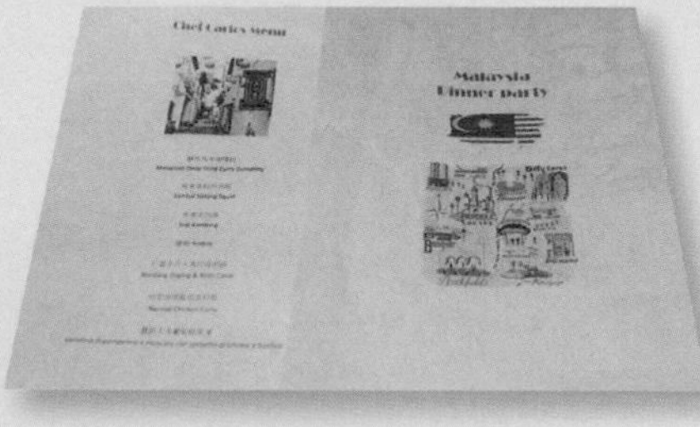

2

參巴醬炒烏賊 Sambal Sotong

參巴醬是馬來西亞主要的醬汁，它的做法很多種，主要是先用蝦米加辣椒、蒜頭、紅蔥頭炒好蝦醬，加入羅望子醬；因為是海鮮，也加入一些蕃茄糊來增加它的酸度，這道菜會有蝦子的香味，酸、甜、辣的口感。

搭配這道菜我們選擇了來自黎巴嫩的 Chateau Musar 2012 白酒，這隻白酒在比較常溫之時帶有花香、乾果和香料的感覺，可以完美的配合參巴醬的口感。

做法：

馬來香料炒烏賊. Sambal sotong Squid

材料 烏賊
大蒜、洋蔥、shallot
紅綠甜椒.

Sambal sauce
大蒜.洋蔥.Shallots 炒香 (另外)
加 stewed tomato sauce
tamrind paste
belacan 蝦醬
砂糖及蠔油
- fish curry -

做法: 1. 烏賊 汆燙 瀝水備用
2. 大蒜.洋蔥.Shallot. 炒香
加紅綠椒
3. 加烏賊 及加入 Sambal sauce

配菜
1. 綠葉 
2. 茭白筍條
3. 桔子

4

中間轉換舌尖的蘿勒雪葩 Sorbet

選用新鮮的熟鳳梨，再加上些許的蘋果，取下果肉後打成泥，快速過篩避免氧化變色，再倒進冰淇淋機器慢慢運轉成 Sobet，最後擠點新鮮檸檬汁，讓 Sobet 更能扮演好清口、解膩的角色。

做法：

仁當牛. Rendang Daging

1. Kerisik 椰子片或椰子粉. 乾炒到黃色
2. spice paste（果汁機打）
   洋蔥, galangal（南薑）lemongrass
   garlic，乾辣椒（泡水）
3. 用油炒 spice paste 2分，加咖哩（配量）炒香
4. 牛肉（泡水 1小時）(加量煮約 40分)
5. 加入 ③中 加椰子鮮奶油.
   lime leaves (有種), Kerisik. 糖鹽
   低溫煮約 1~1.5小時.

Rotti Canai 大馬印度煎餅

- 8 cup (1kg) 中筋
- 2蛋. beaten
- 1 teaspoon salt
- 2-3 T sugar
- 5 T butter
- 2 cup (500 ml) water
- 2 T 奶粉

揉好 30分
分 12 份
上油 30~2小時
拉成. 捲入
做成圓

3

馬來羊肉湯 Sup Kambing

做法：

湯品、馬來羊肉湯 Sup Kambing

1. 高湯
   羊腿. 紅蘿蔔. 芹菜. 香菜. Lemon Grass 洋蔥
   ① 羊腿先用水煮滾、去浮渣洗靜
   ② 加入所有上述 煮 2小時. 取出羊腿 留紅蘿蔔
2. Ground（用 food processor）
   • onion. shallot. "Candlenut" 石栗
   garlic. coriander 子 (t). fennel 子 (t)
3. spice
   · star anise. cinnamon. clove
   cardamom cumin powder. tumeric powder.
4. Garnish.
   parsley. spring onion fried crispy shallot.
   及紅蘿蔔

2、3 炒香、加高湯. 加羊腿切塊

5

仁當牛（Rendang Beef）搭馬來餅（Roti）

這道菜原源自印尼，通常在慶典時作為配飯食用。仁當類似咖哩的形，但身處熱帶的馬來西亞將漿汁收到更乾且內容更豐富，除了薑黃之外配了椰奶、羅望子、南薑、蒜頭、香茅草等，用慢火煮數小時收汁。在製作配料時有一個重要的步驟是把椰子白色的心，切成細絲再用慢火炒到金黃，椰心細絲加入收汁；它除了本身的椰子味也吸收了醬汁的味道，和燉過的牛肉一起入口，香濃的口感久久不散，難怪曾被 CNN 選為世界上最好吃的食物第一名。

在試仁當牛這道菜的時候，我們嘗試了一支簡單的義大利餐酒── Rosso IGT Pulgia，沒想到意外的搭配仁當牛，後來查了一下它的葡萄品種，包含了三種葡萄：Merot、Negroaramo、Zinfandel；猜測如此搭配的原因，可能是其中的 Zinfandel 葡萄，它充滿了香料、果香、巧克力的特質，可以把這道香料牛肉完美的搭配。

Roti 是夜市路邊小吃最常見的餅，可以單吃，也可以夾東西吃。它的做法很簡單，用中筋麵粉、奶油、蛋、水混合好成為鬆軟的麵糰，然後靜置 30 分鐘讓麵糰醒，這個步驟很重要；麵糰要時間的混合而熟成，熟成好了之後分成小顆，每個小顆上抹油，再休息 30 分鐘，這時每小顆先擀麵皮成長條，將之折三折，再擀麵皮成條狀，用煎鍋，兩面煎黃即可。餅配上牛肉，富含香料合上餅香，滿口生津。

7

娘惹咖哩雞（Nyonya Curry Chicken）

搭番紅花香料飯

娘惹是早期移民馬來西亞的華人和馬來原住民通婚的女性後裔。娘惹菜使用多種來自馬來料理用的香料，如紅蔥頭（Shhallot)、南薑、辣椒、薄荷葉、香茅、肉桂、蠟燭果、羅望子、泰國青檸、香菜籽、蒔蘿、蝦醬、椰奶等；把香料研磨杵碎，調成稠糊的醬料，給食物帶來香料的風味。

這道咖哩雞也是一樣的香料，香料煮好後雞肉的嫩度很重要，用雞腿肉切塊，收汁約 25 分鐘即可上桌；另外在番紅花香料飯中，若沒有番紅花可以用薑黃代替，用長米加入番紅花、薑、香蘭和香茅椰漿，適當的米水比例，約 1：0.9，煮好後加上炒松子、炸洋蔥絲及香菜葉裝飾，這是一道無與倫比好吃與美麗的香料飯。

這道菜我們配了一支陳年的南法紅酒小教堂（Paul Jaboulet Aine），它有著果醬、甘草、燒烤和煙燻的氣息；入口有甘草、果醬、煙燻和深度烘焙咖啡的味道，酒體因為陳年的關係比較輕柔，搭上咖哩雞和香料飯還算不錯。

6

娘惹豬排或雞肉（Nyonya Kari Kaitan）

搭馬來餅（Roti）

材料：豬排骨肉、檸檬葉、萊姆汁、椰子奶、醬油、羅望子汁

娘惹醬：紅蔥頭、蒜頭、香茅莖、蝦醬、薑黃、少許咖哩粉

做法：首先將娘惹醬炒香，加入排骨及萊姆汁醬油去燉，快熟了加入椰奶收汁。

8

幕斯卡多葡萄柚果凍 Moscato

這是義大利北部 Asti 的傳統夏季甜點；Moscat 是一種甜美可愛的麝香葡萄，尤其是她帶著微微的氣泡時，是許多少女的最愛。為了讓酒味降低但又想保留視覺上有氣泡的果凍，分成兩次製作。先用小火煮滾 Moscato 氣泡酒讓酒精揮發後，與融化的吉利丁混合冰鎮，再把沒有煮過的 Moscato 氣泡酒與吉利丁混合，輕輕倒入已經定型的 Moscaro 果凍上方，繼續放進冰箱，形成如在酒杯裡那輕快愉悅的氣泡感覺。

接下來幫這果凍加點增加味蕾層次的裝飾品吧！在果凍的上方放上適當分量的檸檬 Sobet，為了跟溫和的 Moscato 果凍搭配，在檸檬 Sobet 裡加了些許的牛奶，柔化了檸檬強悍的酸度，更能提升果凍的口感與香氣，最後放上淋上麥芽糖低溫烘烤過的葡萄柚薄糖片，美麗消暑的夏天就在嘴裡雀躍著～

還是當地的海南雞飯令人難忘

在馬來西亞和新加坡因為華人移民的影響，源自海南的海南雞飯在這兩個地方成為最普遍且受歡迎的食物。它的雞肉鮮嫩多汁帶一點薑汁、花椒、八角香料味，飯中充滿了雞油與薑汁、香蘭的香味，上桌配上老抽、薑茸和蒜蓉辣椒。回到台灣，很少餐廳煮得出他們的味道，發現最主要是雞肉的選擇問題，我們的雞肉可能因飼養方式不同，沒有辦法有那甜香味，要特別到東部或特別的店家買玉米雞，黃油夠多方能煮出類似的味道。

除了雞的選擇之外，雞肉的煮法也很重要，雞肉要嫩，要先在滾的香料鹽水湯中浸 2 分鐘拿出丟在冰水，然後重複兩三次，最後在滾水熄火，將雞肉放入讓雞肉在這溫度下浸 30 分鐘，這樣雞肉才會鮮嫩。

另外一個重點是米的選擇，在東南亞，他們通常吃的是長米，較硬，吸水量與我們的蓬來米完全不同，所以要選擇我們的再來米混蓬來米及香米，多次嚐試吸水量、知道米與水的比例，才會煮出一鍋好飯。回台灣也曾到台北、台中、高雄吃這道飯，但還是在當地的米飯令人懷念。

越南

Vietnam

異國風融合在地東方特色，無限味兒

潤餅香蕉，是清明大家相聚祭祖吃餅後很好的茶點。吃起來外皮酥脆，咬下去有香蕉的綿密香甜，非常討喜，配上花生粉增加了香蕉的皮的酥香，是完美的組合。這樣從簡單的越南甜點，可以演繹到我們的潤餅，各種食材的交互運用，是生活很有趣味的地方。

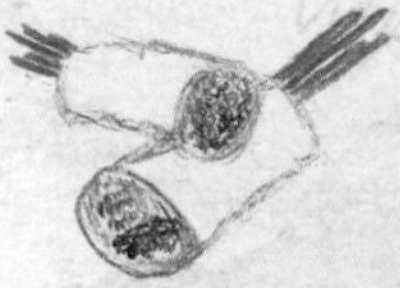

第二次世界大戰後，聯合國由第二次世界大戰戰勝國呼籲成立，想要維護世界的秩序，因此背負了許多的問題，除了重建世界，也包括接下來的東西冷戰紛爭、民族、宗教、恐怖主義、難民、貧窮、疾病等；其下有許多附屬組織像WHO（世界衛生組織）、UNESCO（聯合國科教文組織）、UNICEF（聯合國兒童基金會）等負責不同的範疇，特別以WHO與UNESCO為中心，透過聯合國的活動，對各國政府之施策給予很大的建議與壓力。

分外珍惜大家能為台灣而努力

國際癲癇局在二〇〇七年成為UNESCO的非政府組織（NGO）團體，對於聯合國方面，非政府組織可以在聯合國的WHO有正式的發言權，也對於各國的政府在健康施政上能有建議的作用。次年，亞洲的WHO衛生部長會議在越南河內舉行會議，我有機會為癲癇的整體照顧對亞洲所有國家的衛生部長提出強烈的呼籲，包括對癲癇症的醫療經費與研究經費的重視、癲癇照顧的社會支持、對於癲癇偏見的消除。

在聯合國的會議裡，可以見到會員國的部長如何為該國的衛生政策與聯合國做一個溝通；也可以見到聯合國在推動的一些衛生計畫，並希望世界各國的重視與配合；也見到許多NGO的團體，例如失智症、糖尿病、婦女、小孩的國際團體出席會議並發

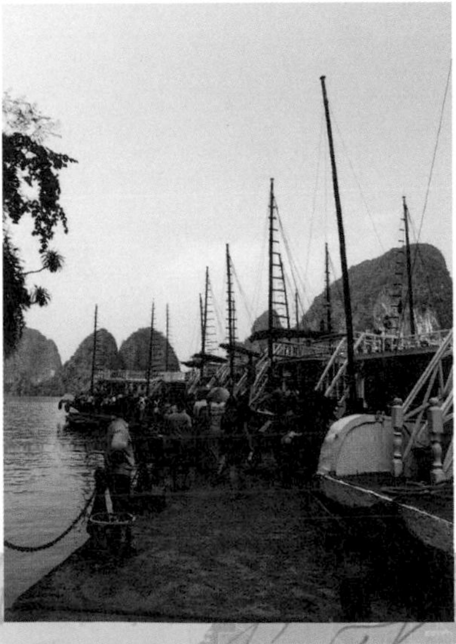

表演講，希望各國重視特殊的狀況，為一些疾病來推動政策。在國際舞台裡，由台灣出身的我有很深的感觸，我們自退出聯合國之後，在國際舞台裡台灣並不是一個國家。在聯合國裡，雖然一個小島國像是太平洋上的薩摩亞、斐濟等，在國際的會議上也是正式的代表，有絕對的發言權，我們則完全不存在正式的會議中。

在會議的空檔中，有位ＮＧＯ的代表拍了我一下，小聲的問我，你是從臺灣來的吧⁉他是世界醫學生聯盟的成員，來參加聯合國的會議旁聽。他告訴我，我們的政府代表團也有來，越南這邊有安排在另一個房間，可以實境從視訊看到現場的會議與發言；我這才了解到，我們是以這麼曲折的方式和世界接軌，也好像是一個幽靈存在者。台灣代表團知道我從台灣來，歡迎我過去和他們聊聊天，聊了一些衛生政策與世界接軌的經驗，我也邀請代表團在開完會後，請她們吃了一餐正式的越法餐。我們在海外總是分外珍惜大家能為台灣而努力，因此相互勉勵。

我也開始回憶起來，雖然我代表ＮＧＯ的組織來演講，但是過程中感到相當多的關卡，包括名牌、名稱、演講內容的審核與時間的安排，都不斷的有變數。這從二〇一六年罕病基金會的例子就可以知道，即使是ＮＧＯ組織，在聯合國也可能遇到相當大的困境。罕見疾病基金會自一九九九年成立，是東亞國家中最早的罕病組織，二〇一六年生聯合國成立「罕見疾病非政府組織委員會」，台灣也獲邀出席，與美國、歐盟的罕病組織一同擔任「主題演講」者，講述台灣在推動罕病者與家屬權益等各方面的努力。台灣罕見疾病基金會共同創辦人、董事長曾敏傑原獲邀發表大會演說，但受中國阻撓，未能順利入場，這大概就是最明顯的例子。

去越南數次，主要是多年前世界癲癇組織與ＷＨＯ合作，在越南及中國大陸進行癲癇的研究及改善癲癇治療計畫，後來中國大陸進步很大、但是越南的腳步較慢，我們則透過剛成立的越南癲癇醫學會，舉辦演講，並拜訪一些社會支持組織。社工團體希望在越南也有病友組成的組織為自己的權益和較好的癲癇照顧而努力，後來發現在越南要成立ＮＧＯ的團體非常困難；目前的一些組織其總部都不是在越南，而是外國的ＮＧＯ組織在越南從事人道援助的工作，他們並沒有政府授權成立的ＮＧＯ，集會結社在越南的法令裡還是一個禁忌。

法國麵包、麝香貓咖啡、蜂甬、未出生的鴨仔蛋、小板凳美食

越南在二戰之前是法國的殖民地，有相當多的建築很法式，連食物也很多有法國的影子。在街頭，可以看到很多賣法國麵包的小攤子；法國麵包夾了煎過的蛋、醃過的紅蘿蔔、酸酸甜甜的小黃瓜，夾一些牛肉或豬肉，就可以當作早餐，甚至簡單的午餐或晚餐，可說結合了東方與西方的文化。

另外，越南咖啡和土耳其咖啡也極為類似，粉磨得非常細。土耳其咖啡是直接放在鍋中煮的，煮好了倒到杯中讓渣渣沈澱，只喝上面那部分；越南咖啡則不同，有一個特殊的越南咖啡過濾器，將咖啡粉倒入過濾器，加熱水沖過濾，因為味道濃厚，通常再加煉乳及糖，比較少單喝，這種喝咖啡的文化應該

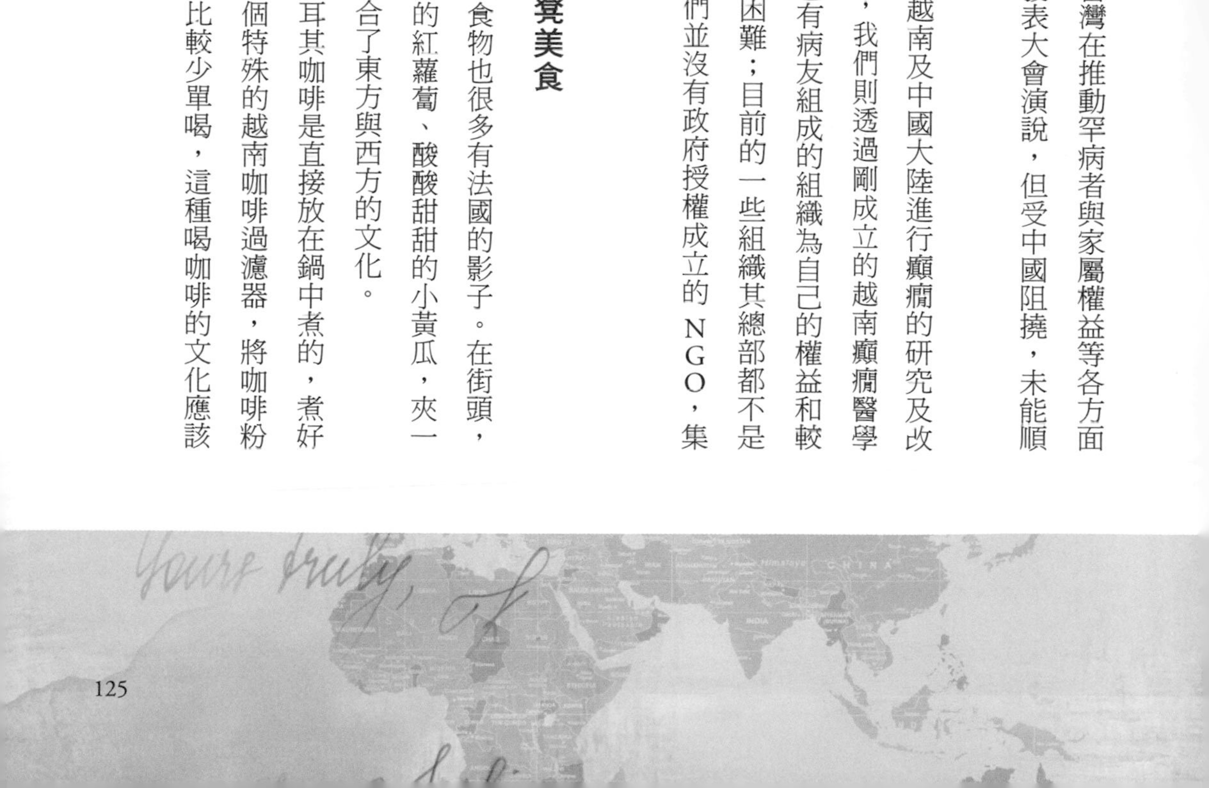

Paris is beautifu…
leaves give it a nostalgic

也是源自法國的影響。

在街上到處都可以看到沖咖啡的小攤位，隨時可以喝一杯。越南咖啡比較高階的是麝香貓咖啡豆研磨的豆子，它主要是出印尼麝香貓食用並在其胃裡完成發酵後，所排出來的糞便收集而來——由於咖啡豆不能被消化，會被排泄出來，經過清洗、烘培後就成了麝香貓咖啡。麝香貓咖啡味道相當濃郁，有強烈巧克力的口感，在越南也有經飼養而生產的貓糞咖啡，而非原始天然的，味道也相當好。

逛越南市場和我們的傳統市場非常類似，有些東西卻是我們沒辦法接受或想像的，記得我們在很小的時候還可以看得到蜂甬，現在要到很特別的地區和山產店才有這樣的食物了；在越南的菜市場還是可以看到一大盆在賣。最特別的是市場賣蛋的攤位，賣的是孵化了十五到十八天快要孵化的鴨仔蛋；據越南朋友說很多人把它當早餐，吃了以後精神百倍，也有些婦女喜歡吃它，據說有養顏美容的功效。吃這個看起來有羽毛的蛋，真的是需要勇氣，他們會加薑以及一些香料和越南香菜一起吃；雖然其形甚為噁心，但是吃起來味道還不錯，這倒是挺令人訝異的一種感受。

還有到處可見的路邊小吃攤，隨便一個街角都可能有一個小攤子賣著各式各樣的食物。越南與中國南邊相鄰有很多類似的小吃，像是粄條就很相似；在一個小街角擺個燒水的地方，燙一下粄條，上面擺個魚板炸豆腐皮，淋一點魚露、鹽、檸檬、辣油，坐在街頭的小板凳，就有一個美味的餐點。其他像是海螺或田螺，對我們而言，都是在餐廳才有的美味料理，在越南的街頭上也是隨地可見的小板凳美食；燙好的螺，放入酸甜辣的醬汁，讓人一個接一個不知不覺就吃了一大碗。

越南河粉，平民美食學問大

越南除了法國的影響，它位在中國南邊，有許多菜深受中國菜的影響，其中最出名的應該是越南河粉，招牌是PHO，有一說法是和廣東的粉（Fen）有相同的淵源。PHO在O的上面加了一些符號會有不同的意思和唸法，所以在越南看到PHO不一定就是河粉，可能是區域或是街道，越南朋友告訴我，唸錯了，就可能是在說特種行業的女子，讓我練習再三它的拼音。

除了移民之外，一九七〇年代的越南戰爭造成大量越南難民遷往世界各地，PHO在世界各地都相當普遍，台灣的大街小巷或許因為移工和外籍新娘的關係，現在也到處看到越南河粉店；河粉和台灣客家人的粄條類似，應該是同一個源頭。客家人在炒粄條或粄條湯中，放的粄條比較粗些，一般小吃店都是放上薄片肉、油蔥酥、肉臊、豆芽、韭菜，再加辣椒裝飾上桌。越南河粉比較特別的是生牛肉河粉，這樣的改變應該是受到法國殖民的關係，將牛

肉融入了這項傳統料理。

越南河粉要好吃，燉的湯頭相當重要，它決定了這碗河粉好不好吃的重要關鍵，就像我們到台南吃出名的牛肉鍋，在涮牛肉的時候，稍微涮一下就好，不能太熟，然後配一點湯汁；有些店家賣的湯頭或許會稍甜，就是因為他們在蘋果及蔬菜上放的量比較多一點，這也會決定它的風味。

越南的河粉高湯會以牛骨、牛尾加上洋蔥及薑片，搭配像我們燉湯的滷包去燉幾個小時；但滷包裡放的香料則完全不同，通常是八角、烤過的洋蔥，和薑、茴香、胡荽子、豆蔻、丁香、肉桂。煮好的河粉上面加上萊姆片、越南香菜，和泰蘿勒、豆芽菜、洋蔥，舖上薄的生牛肉，加上高湯沖一下牛肉使其半熟，就是完美的生牛肉河粉，特別是萊姆的酸和泰蘿勒的香，給這碗湯增添了香氣和口感。當然，有人不吃牛，它的另外一個版本是雞肉河粉，製作過程相當類似——將牛骨高湯改成了雞骨高湯，另外在雞肉的選擇和烹調方面，譬如如何讓雞胸肉軟嫩、切片再沖上雞高湯，是雞肉河粉很重要的細節。

另一個最常見的越南食物也和河粉有關——將河粉皮包蔬菜與肉沾醬來吃，也就是越南春捲，它與中國人用麥粉皮或台灣常見的豆皮春捲不相同，是用米皮來做的；它也可以是涼菜或是包餡料後炸來吃。在台灣市場

裡，看不到薄的河粉皮，通常是去超市買乾的河粉皮刷溫水，讓皮軟化再包餡料。

至於餡料，變化很大！基本上是雞肉或豬肉、燙熟的蝦；用肉加上煮熟的米粉、蔬菜及越南香菜，捲起來再配甜辣醬加檸檬汁、蒜頭末吃。豬肉可以是白煮切片，或是滷好的肉切片；香菜也可以加薄荷。蔬菜的部分以紅蘿蔔、大頭菜來當配料的話，通常先做成泡菜絲，有酸甜的口感，讓外皮及內餡中的米粉可以吸收酸甜的味道，加上蝦子的鮮及肉片的油、蔬菜的脆，風味極為豐富，是一道簡單又清爽的前菜。若是用炸的，餡料味道就會放得較深沉些，和一般茶樓的港式春捲也稍有不同。

似曾相識的小吃料理，廚具創意和擺盤也有巧思

年輕的時候喜歡吃蔗蝦，到了越南發現他們不只用蝦，也用豬肉、豬油網（豬腸系膜），像是台南的雞捲。這是用豬油網捲肉，及其他配料炸成雞捲作為前菜的製作方式，除了甘蔗也常用香茅當作炸物的支架，將豬肉用薑、蒜、紅蔥頭、蝦醬、香茅、辣椒做的醬浸入味之後，肉包在香茅上然後用豬油網包住，放在烤架上烤好，再沾檸檬與糖、蒜、辣椒調的醬汁來吃。

還有，海鮮用炸的，在越南也是相當普遍，這和日本的炸物及地中海周邊流行的炸海鮮盤，都有異曲同工之處。另外，在越南小小的廚房裡，看他們為了固定形狀而採用的器材也十分有趣，我們在台灣的市場裡經常可以看得到蚵嗲的小勺子，在越南是用來炸蝦餅的好器材。做法是：用麵粉、蛋和蕃薯粉，加上鹽、糖、薑黃、發酵粉、胡椒、魚露，做成麵漿，再摻入蔬菜、鮮蝦混勻，放入小勺子，在攝氏一七〇度的油中炸到金黃，就是好吃的蔬菜蝦餅。

在越南，我還發現，在不同的廚房裡——尤其一般人家又不是法式廚房，很多的廚具創意是很有意思的；像是常見的花枝，通常炸了就會捲起來，但在越南朋友的廚房裡看到，他用烤肉夾夾住來炸，花枝身體的形狀就可以很平整，擺盤起來也就漂亮多了。至於炸的技巧，和一般炸海鮮類似；先在花枝上切一些橫紋（但不能切斷），醃胡椒鹽入味，再舖薄麵粉，刷蛋液，灑麵包粉，在攝氏一七〇油溫炸到外表金黃即可。新鮮的花枝甜味鎖在薄麵皮下，既甜又脆，沾些酸甜的越南醬料，很適合在熱帶的越南享用。

另外說到擺盤，也是一種藝術；包括器皿本身、菜餚的形式顏色，當然也有以蔬果來當作擺盤的。沒想到學習刻花是在越南，刻花的師傅拿著小的刻花刀，比手畫腳教我如何刻，也給我看他的手；他說剛開始的時候常常被刀刻到手，所以手上傷痕累累。紅白蘿蔔、蕃茄是常用的食

材，用對稱的刀法，一刀一刀的刻劃，不熟悉的話，刻很久才能刻一盤。

香蕉在食物上的用途比我們多

不只台灣是香蕉王國，越南也產很多的香蕉；在越南，香蕉在食物上的用途比我們多，葉子、莖根、果實和花都用在食物上，尤其在越戰飢荒的時候，甚至它的根部都挖起來煮湯。甜點部分則和我們常用來做成香蕉蛋糕不同，他們用米紙捲起來炸或沾醬吃，也可以直接烤一下配椰奶，是很簡單又好吃的飯後甜點和水果。

另外，清明節的時候，我們常會用到潤餅皮、花生粉、糖粉，如果吃完潤餅有剩下的配料，就可以很簡單的做一下潤餅香蕉，是清明大家相聚祭祖吃餅後很好的茶點。它的做法相當簡單，只要將潤餅皮切成適當大小，捲好香蕉，用水封口，放入油鍋煎炸，起鍋濾油之後，灑上花生粉及糖粉，切半加上薄荷葉裝飾，就是配茶或咖啡的小點心了。吃起來外皮酥脆，咬下去有香蕉的綿密香甜，非常討喜，配上花生粉增加了香蕉的皮的酥香，是完美的組合。這樣從簡單的越南甜點，可以演繹到我們的潤餅，各種食材的交互運用，是生活很有趣味的地方。

香茅炭烤豬里肌

在一次的餐會中，做了香茅炭烤豬里肌肉，是仿照在越南時吃到的香茅牛肉串的做法，豬里肌肉切片後要先像是炸豬排一樣，先用槌肉棒將肉的筋都先敲碎，然後再加糖、蒜末、魚露、紅蔥頭；香茅末和辣椒碎醃半個小時，再把肉細心捲到香茅莖上，最後將豬腸系膜包好，用炭火慢慢烤好。豬肉經過去筋的處理，吃起來相當嫩不會有柴的感覺，肉中香茅魚露的香味搭上酸甜辣的醬汁，極為爽口。

義大利

Italy

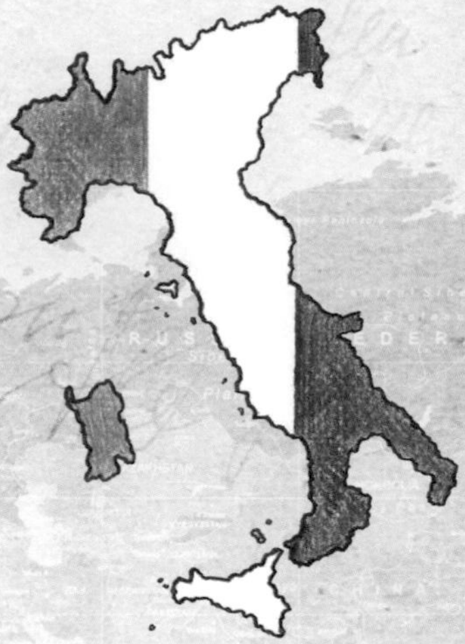

千年風華淬煉，大城小鎮各有姿態

草原的羊群和吆喝聲叫醒的早晨，窗台飄進來的不止原野的花草香和動物的奔跑聲，還有一股濃濃的煎蛋香，是那熟悉的香味喚醒的早晨啊！走到早餐室被餐檯擺滿東西的景象嚇著了。先和廚師點了煎蛋，然後一盤盤的欣賞一下，早餐居然架了一台切腿肉的檯子，可以盡情的享用，還有好多種的Salami、現採的水果、一大盤的無花果、形形色色的甜點派，這樣大概可以享受一整天了吧！

台北長庚的施茂雄醫師是台灣癲癇界最重要的前輩之一，除了在醫療界提攜後進，更在二十多年前催生了台灣癲癇之友協會，致力推動消除對癲癇症歧見的社會現象。他在二十年前領導亞洲癲癇之友聯盟時，就積極鼓勵病友們正面面對疾病，活出自己的一片天。

當起臨時大廚，美食療癒家鄉的夥伴

施醫師並推動在亞洲設立基金，讓每個國家在兩年一次的亞洲癲癇大會時推出各國的癲癇楷模，是一種鼓勵也是一個正面的支持。後來全世界的癲癇醫學會也認同這種模式，於兩年一次的世界大會裡，對面對困境仍能努力向上的病友有一個世界性的表揚；二〇一一年在羅馬開世界大會時，臺灣的病友組團到羅馬，除了有癲癇楷模接受表揚，他們也有個愉快的旅行，在對抗疾病的過程中有溫暖的力量。

在教廷看到台灣的大使館插著國旗，便和蔡景仁教授、當時率隊的台灣癲癇之友理事長曾元孚，及現在已經當高雄長庚癲癇科主任的蔡孟翰醫師合照了一張留念；畢竟我們在國際的力量遠低於中國，教廷是少數與我們有正式邦交的地方，看到自己的大使館，很興奮的留念。

病友們在羅馬合租了公寓節省旅費，公寓有整套的廚房設備，大家便央請我當臨時的大廚，度過幾

個美好的夜晚。羅馬的超市、肉舖放眼望去都是好材料，傍晚開完會臨時買菜做料理，取材容易；經過肉舖，切了帕瑪風乾生火腿（Prosciutto）、義大利香腸（Salami），在麵包店買了佛卡夏麵包，水果店買了哈密瓜，開味菜的部分就有香腸麵包和帕瑪火腿搭哈密瓜。在義大利，風乾生火腿在夏季時常佐蜜瓜、香瓜一起吃，其他季節則與長棍麵包搭配或夾小三明治，也可直接切片配氣泡酒，是吃前菜聊天很簡單好用的食材，而且肉店有工具可以幫忙切得很薄來食用。

平常大家在國內難得聚在一起，在國外開完會可以一起到超市小店買個東西，回到民宿一起切菜做飯也是蠻愉快的經驗。來到超市，看到來自南義的水牛莫札瑞拉乳酪（Mozzarella），它是開味前菜 Insalata Caprese 的重要原料；切成厚片的莫札瑞拉，加上切片的蕃茄，以及新鮮的羅勒葉，就是很好吃及有紅白綠漂亮的前菜。我們用爆香蒜頭混了羅勒，再加到乳酪蕃茄上灑點鹽及橄欖油，風味也是相當的好。

羅馬大街和超市

義大利的菜單裡除了開味菜（Antipasti）以外，它有第一主菜及第二主菜，最後才是甜點；第一主菜可以是義大利麵或是燉飯、披薩、一些熱菜，第二主菜通常是肉類包括魚、豬、牛、羊等。這跟我們吃飯習慣麵飯放在最後有所不同，當天在超級市場看到他們的煙燻五花肉切得非常漂亮，又有新鮮的淡菜，就打算以煙燻五花肉炒香做義大利麵，另外熱一鍋燻五花蕃茄風淡菜，作為第一主菜。

淡菜在比利時、法國、西班牙及義大利都很常見，常常做成不同風味的鍋，蕃茄的酸配上淡菜的甘甜，加上爆香的蒜頭、洋蔥及嗆的白酒，鮮甜美味。義大利麵則是林林種種，有長條型的直麵（Spaghetti）、半月形管狀的通心麵（Macaroni）、扭曲狀的螺旋麵（Fusilli）等等；還有看到台灣比較少的麻花捲麵。用洋蔥、蒜頭炒香燻三層肉，炒煮好的麵，肉的香味搭在麵上，有完美的組合。

在主菜方面，當天在超市沒有找到類似弗羅倫斯的丁

骨牛排（Bistecca alla Fiorentina）；佛羅倫斯的丁骨牛排是一種厚切的牛排，可以煎一大塊，然後大家分享大塊吃肉的快感。開會完畢，在超市沒有比較好的肉，只好買牛肩肉，肉質硬了點，倒是在超級市場買了巴巴萊斯可酒（Barbaresco），它的價格也異常的親民。在當地，吃當地食物配當地的酒，真的是最好的選擇（牛肉倒是蠻好的搭配）。

羅馬是世界級的大都市，繁華的都市，擁擠的觀光客，街上車子喇叭聲不斷……奧黛麗赫本在「羅馬假期」電影裡西班牙廣場吃冰淇淋的階梯，坐滿了遊客，或許大家都對這電影印象深刻吧！許願池四周人多到擠不到噴水池投一塊錢幣，熙攘的人潮是大都市的縮影，人潮洶湧得令人有點喘不過氣；大都市像是時代的巨輪，有各時代的輝煌蹤影，藝術餐飲都是時代的尖端，頂級的名牌店也吸引了世界各地的愛用者，畢竟義大利許多的皮件及設計是世界一流的。

遠離塵囂，千年小鎮裡的慢食、慢活

想要離開大都市的塵囂到羅馬附近，也相當的方便，搭個公車、兩個鐘頭便可到達附近的大薩索山國家公園；它是歐洲最大的自然保護區之一，擁有歐洲最南端的冰川，有超過兩千種植物，也有許多珍貴的野生動物，如阿布魯佐（Abruzzo）羚羊。其中拉奎拉（L'Aquila）是阿布魯佐產蒙特普爾恰諾紅葡萄酒（Montepulciano d'Abruzzo）的重鎮，國家公園裡拉奎拉附近也有許多漂亮的小山城；聖斯泰法諾迪塞桑約（Santo Stefano di Sessanio）這個山城才一百多個人，有一兩家落腳的民宿，幾個小餐廳和滿天的藍天白雲。

Sextantio

MAXIBON
PERONI
PERONI

VIA
CONDOTT

LA TRANSUMANZA
NELL'ABRUZZO
MONTANO

沒學過義大利文，跟司機比手畫腳了半天，巴士司機好像知道我的目的地是要來這個地方。我一路上沒闔過眼，提心弔膽怕巴士開過頭；看著相片，突然發現司機好像快開過這小鎮了卻沒叫我，趕快麻煩他停下來，下車、提著行李往後走回到小鎮。山城沒見到多少人在外走動，石頭鋪的不平路面、斑駁的牆壁和紅瓦，透露著歷史的痕跡；小小的民宿畫上小小古堡的號誌，寧靜優雅沒有干擾，大概是讓頭腦最清新的感覺吧！小城是十一世紀時的防守城堡，很多地方保存了千年前的樣式，主建築很不幸的在二〇〇九年的地震震壞了，去的時候很多地方在維護。

找到民宿，用很久沒看過的金屬大鑰匙打開厚重古老的房門，是一種要進入中世紀歐洲古堡的感覺；開了門，原來還有階梯才可以到達小房間啊！像山洞般的房間裡有個小小的火爐，這兒冬天應該很冷吧！火爐邊的床應該很溫暖，古樸的桌子和床，還有個小樓梯上去，大概是早期住民的儲藏室吧！在小房間裡，最喜歡的應該是岩壁中開啟的小窗了，有點像是年輕時在馬祖服役的雕堡開的小窗，窗外可以看到翠綠的樹林，晚上更可以看到滿天星斗；以前服役時喜歡在窗台隔著樹看遠方的海，這兒的小窗景有綿延的山巒，還可以看到放牧人家在草原裡跟著狗追逐著小動物。

前門的小窗望出去正好是隔壁的小吃店，食物香氣好像延著窗緣飄了進來；經過緊張的巴士行程，該是吃個東西的時候了。下了樓梯，推進小吃店裡頭，冰箱上的檯子上吊著都是當地的牛和豬做的 Salami 和醃漬山產，還有山裡羊奶做的乳酪；點了一大盤，配了當地的啤酒，山上的吃，就是這樣的隨興吧！Salami 有好多種口味，各切了一點嚐一下，香料和肉的種類不同，吃起來風味不同，一起比較一下。

Salami 單吃，或配著麵包、配乳酪、配沙拉吃，都有不同的風格；配上紅酒也是絕佳的搭配。我們台灣的香腸一般要煎過或蒸過才會做冷盤，製作的方式和熟成不同；Salami 經過發酵和熟成抑制了不好的菌，是直接的生食，熟成的過程有放特殊的菌種，讓不好的菌不會產生，所以有些是沒有放硝。現在對於硝致癌的疑慮和製作食物的保存問題，有相當多人在討論和研究，以菌抑菌倒是古代人很聰明的一種觀察與試驗。

小城居民不多，四處走走，偶爾也可以看到遊客，或許如此，這兒還有些小店；進到小店裡喝下午茶，老闆娘用很不流利的英語跟我說可以選擇好幾種的香草茶，可以單一種，也可以混合好幾種。選了混合的香草茶，老闆娘熱心的教我用漏斗沙，若是流完了，這泡茶就好了，可以先喝或混合蜂蜜喝，現採的香草散發著山林的氣息，配一塊當地的起司做成的蛋糕，密合了甜美的風味。

一面喝茶一面看，翻翻他們的藏書，看看吊在牆上的古物，一千多年的小鎮保留了好多當時的用具，簡單、古樸也典雅，沒想到在這一百多人的小城裡卻寫了這麼多的故事，或許這就是文化吧。用新的科技重建起小城，抵抗的不是敵人而是地震天災，保留下來的古人的生活種種，讓歷史的痕跡活在生活的周遭；就連牆上掛的小吊飾和桌上放的裝置，都是古代的器材、甚至耕種的器具，在喝茶之餘，駐足欣賞良久。

夕陽在山的那一頭緩慢的落下，灑了滿天的紅光覆蓋了山林和小城；走過昏黃的小巷燈光，細數腳下的石子路找到小餐廳，果然是古代的防衛城堡，到處都像地窖一樣，有點像在馬祖服役時山洞和地底下隧道的感覺，幽黃的壁燈及蠟燭溫暖了山洞的濕冷。

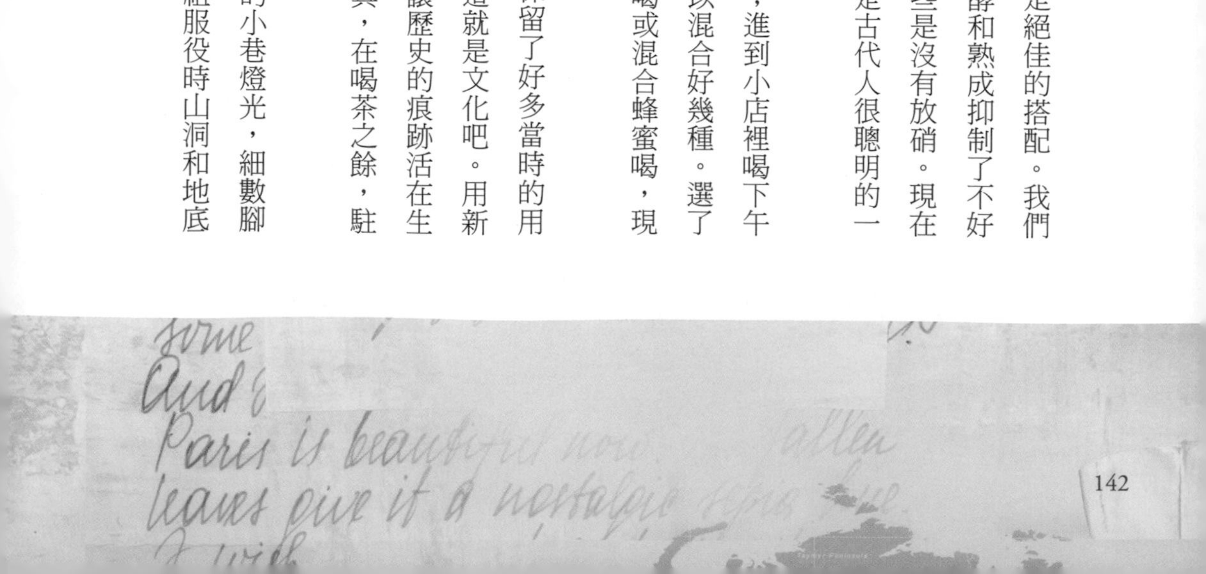

山城在地味和台灣家鄉味，比一比

義大利南、中、北區都有不同的產酒區，聽一位義大利的釀酒師說，義大利有超過一千種的釀酒葡萄，有許多的葡萄酒從來沒有喝過也沒有聽過。北部皮蒙省（Piedmon）的巴洛羅（Barlolo）是國際知名的品種及名酒，托斯卡納的奇昂弟（Chianti）也有相當普及的桑嬌維賽葡萄（Sangiovese）；在這阿布魯佐（Abruzzo）省份，蒙特普爾恰諾紅葡萄酒（Montepulciano d'Abruzzo）是它的特色，和桑嬌維賽算是姊妹種。餐廳裡放了一排酒在地窖，都是當地的產酒，氣泡、白、紅、甜酒都有，可以搭配廚師的料理。

山城的小餐廳雖然沒幾個位置，晚上也沒幾個客人，但是做菜一點都不馬乎，每道菜也都有山林中採摘的小野花做點綴。點了一道野兔小點心和炸海鮮當前菜；山上才有當地的山產，野兔在山林中奔跑但肉並不硬或柴，相當富有彈性。炸海鮮應該改成炸河鮮吧！河裡的魚裹粉炸了是義大利海邊常見的炸海鮮盤做法；對於炸海鮮，日本人的炸物做法相當厲害，有薄薄的粉與襯

托海鮮的甜美滋味。英國的炸魚薯條又是完全不同的表現，粉比較厚但熱熱的，炸海鮮喀嚓的口感和爆出的魚配上醬料也是一絕。義大利的做法似乎居這兩種做法的中間，粉調味和厚實度輕盈鬆脆，配上青醬、紅醬都相當爽口。

在台灣比較少小牛的料理，另外，買牛頰肉也相當困難，即使認識肉販，他大概也都回應你「這個訂不到啦」！都給餐廳或特定的地方訂走了。有時候在餐廳可以看到燉牛頰，肉質相當的細緻，是塊好吃的部位；小餐廳的菜單裡今天也有小牛的牛頰肉，難得的機會，就點這當主菜。有一次在台南，漢時酒窖的傑克兄做了一道清燉的牛頰，當時搭配法國勃根地區的酒，清爽的肉帶點甜味，配上這雅緻帶酸的酒相互輝映。這次在這裡，廚師用稍濃稠的醬汁燉的小牛頰，碰上稍狂野帶單寧的蒙特普爾恰諾紅葡萄酒，又是一個完全不同的感受。

雖然不是在法國，這裡的甜點也有舒芙蕾；因為體重過重，我一向少點甜點，但是只要菜單有這道還是會試一

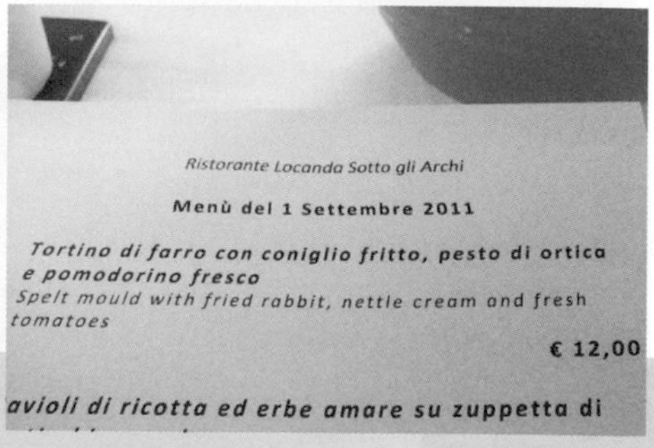

下；稍縱即逝的美妙口感，檸檬與桃子口味清爽，配上淡雅的甜酒是睡前很好的催眠曲。拍了一下部分的菜單，作為以後的食物記憶，然後踩著街頭壁燈的影子，散步看星空。

吃，凝聚你我，凝聚了一家人

隔天，被草原的羊群和吆喝聲叫醒的早晨，窗台飄進來的不止原野的花草香和動物的奔跑聲，還有一股濃濃的煎蛋香，是那熟悉的香味喚醒的早晨啊！走到早餐室被餐檯擺滿東西的景象嚇著了。先和師點了煎蛋，然後一盤盤的欣賞一下，早餐居然架了一台切腿肉的檯子，可以盡情的享用，還有好多種的 Salami、現採的水果、一大盤的無花果、形形色色的甜點派，這樣大概可以享受一整天了吧！民宿沒幾個客人，這樣準備未免太豪華了！這也見識到了他們的飲食文化。

另外，在義大利喝 Espresso 濃縮咖啡，是很享受的事；一直都很好奇，自己在台灣泡 Espresso 就是不夠有那層堅果出油的香味與口感，到底是咖啡豆不同、或是機器不同、或是水不同呢？在台灣也試喝過很多店家用好機器泡的，都沒有達到預期的風味，或許是心情吧！心情影響了味蕾，在這安靜的地方，咖啡也不自覺的濃

醇了起來；這才是真正的 Espresso 啊！

在台灣無花果還是一個比較貴的食材，目前種植的比以前多，但是在一般的市場還是少見。這邊有好多好高大的無花果樹，一早他們就現摘了一堆，一吃一大盤有點奢侈感；在地中海沿岸，這倒是一個普遍的食物，以環保的概念來看，吃當地當季的食物是最好的一個環保做法。新鮮的水牛乳酪做成巧克力大小，配上無花果，香甜好滋味。

陽光透過小窗灑落在早餐檯上；幽靜的早餐，聞著蛋香，啜飲醇厚的咖啡，吃點水果搭乳酪，切幾塊麵包搭 Salami 和火腿，最後泡個茶、吃個甜點。溫暖的陽光讓坐墊也舒適了起來，時間就慢慢的在不知不覺中流逝。

義大利是推動慢食文化最重要的國家之一，每家的媽媽都很厲害，用吃凝聚了一家，大家在做菜、吃飯都要花數個鐘頭，這在速食文化當頭的台灣是完全不同的。常常覺得，我們習慣匆匆忙忙的做菜、吃飯，趕緊去做事，但倒底有做出什麼大事呢？忽略了大家一起做菜聊天的家庭情感，或許是造成人與人越來越不溝通的教育方式吧！

異國的餐桌 6

自己家中的義大利餐桌

櫛瓜花在義大利的季節料理是一道很好的前菜，一般可以在花中包乳酪沾薄粉下油鍋炸一下，在台灣的菜市場並沒有賣這些東西。正好陽台的南瓜開了許多的花，就用櫛瓜花的做法，在南瓜花裡放了 Ricota 乳酪和奧勒崗。

2

夏南瓜花

櫛瓜花在義大利的季節料理是一道很好的前菜，一般可以在花中包乳酪沾薄粉下油鍋炸一下，在台灣的菜市場並沒有賣這些東西。正好陽台的南瓜開了許多的花，就用櫛瓜花的做法，在南瓜花裡放了 Ricota 乳酪和奧勒崗，用傳統的炸法裹蛋、再灑麵粉鹽，以攝氏 170 度稍炸。正好是火龍果上市的季節，黃花綠梗配上紫紅，甚是美麗可口。

1

自製義式綠橄欖

義大利和西班牙是產橄欖最多的國家，市場上放著一盆盆不同種類醃好的橄欖，大小顏色味道都不同，裡面有的還夾了鯷魚，酸酸鹹鹹的，這和小時候吃橄欖有完全不同的感受；小時候在員林百果山有很多的蜜餞，橄欖醃成酸酸甜甜的，也有的裹著一層黃色的甘草，和他們的醃漬過程完全不同。

有兩位朋友，一位分享了他從彰化買的新鮮老欉橄欖，另一位自己種一棵，摘了一袋來分享。我遵循義大利和西班牙的泡法，洗浸十四天的水，每天換水兩次，挑掉不好的橄欖，然後泡 1 比 10 的鹽水加上百里香、迷迭香、小茴香、胡荽子，煮滾放涼浸泡至少兩星期。

醃好的橄欖，來自老欉或新樹結的，口感相差很大；老欉的堅硬厚實，年輕樹的果實較鬆軟，加了香草和橄欖本身的酸甘，是相當好的餐前聊天點心。另外，如果要做橄欖醬（Tapenade），一般是黑橄欖加鯷魚、酸豆、蒜末，再加一些香草、磨碎的橄欖拌成。老欉橄欖的風味厚實，依照黑橄欖醬的做法，加了新鮮的百里香和奧勒崗（Oregano），作為長棍麵包的沾醬相當合適，作為炒義大利麵醬汁或是搭配魚的料理，也都相當合適。

5

佛羅倫斯牛肚

有一次在寒冷的冬天出了佛羅倫斯大教堂，吹了口氣都冒煙，跑到前面小市集裡喝了一碗牛肚湯，胃頓時暖了起來。回國後一直想找機會做一下，這道當成開胃小菜配點佛卡夏麵包，是相當的合適。

材料：鷹嘴豆、牛肚、匈牙利紅椒粉、西班牙香腸、三層肉、蕃茄

做法：❶鷹嘴豆先泡一晚。❷牛肚不用切，清洗乾淨，用醋及水煮 5 分鐘，再洗淨，先下鍋燉 1 小時。❸西班牙香腸先烤好切段、三層肉切塊。❹牛肚燉 1 小時後切小塊，加上 3. 的備料及鷹嘴豆，續燉 1 小時再加鹽及胡椒調味。

3

小櫛瓜和櫛瓜花

市場的小農在很偶爾的機會會釋出小櫛瓜和櫛瓜花，小櫛瓜很嫩，只要稍微煎烤一下，配上乳酪、蕃茄、柿餅和一些大櫛瓜，就是一道漂亮的蔬菜水果盤前菜，很有托斯卡納現採花果上桌的鄉野風格；當然淋上一些橄欖油，和巴沙米可醋和鹽，就更增添了它的風味。

4

風乾番茄

那不勒斯在羅馬的南方，附近是風乾番茄的故鄉，有好吃的蕃茄披薩，茄子、櫛瓜等蔬菜水果豐富；靠近地中海的關係，也有豐富的海產。台灣沒有這麼好的風乾番茄，但是用新鮮的小卷煎烤一下配上烤箱低溫烘烤的小蕃茄，有濃厚的蕃茄味及水果蔬菜，再灑橄欖油就是很開味的前菜。

〈第一主菜〉

在前菜之後進入第一主菜，像是燉飯、義大利麵、千層麵等等，最後才會進入主菜。或許我們的胃口比較小，很多人吃到第一主菜就飽了，完全沒想到還有第二主菜；尤其第一主菜是燉飯和義大利麵，和我們吃飯，飯麵最後上的習慣不同。在第一主菜方面，義大利麵和燉飯的半生熟（Al dente）觀念，是許多臺灣人不太能接受的煮法；Al denta 是相當困難的煮法，譬如市售的義大利麵煮到麵心剛好由白轉到透明，就是 Al dente，這時的麵由硬轉軟又還帶有一點硬度。至於燉飯也是一樣的概念，米心炒到剛轉軟就好了，對我們而言，吃日本米那種米香與軟硬是大部分人能接受的，有些台灣遊客會把麵飯退回說太硬，這在義大利，是令廚師不敢相信的一件事，這就是食物從小給我們的不同感覺吧！

6

茄子千層麵

千層麵主要是蕃茄肉醬、帕瑪森及水牛乳酪、麵皮層層堆疊再去烤的麵，若不用麵皮，而是用烤過的日本茄，也可以有另外一種風味。

材料：洋蔥、番茄、牛或豬絞肉、茄子、乳酪

做法：❶洋蔥先炒成金黃色，加蕃茄及蕃茄糊續炒到蕃茄軟化，再加入牛及豬肉絞肉炒熟。❷茄子切片加鹽、橄欖油先靜置一下，用油煎烤茄子，讓它熟而不太軟。❸準備模型，放一層茄子，一層肉醬，一層起司，重覆堆疊，最上方為乳酪結尾。❹放入烤箱，以攝氏 190 度烤 30 分鐘，即大功告成。

8

番紅花香煎紅甘燉飯

一般燉飯的米和我們的米並不同，在義大利各區也有他們自己自豪的米，顆粒較大吸水性不同，先煮一鍋好的高湯，在炒米的時候讓米吸收是很重要的步驟。譬如龍蝦燉飯，要先做龍蝦高湯，龍蝦殼的處理就很重要；做魚燉飯，用魚骨頭和魚肉熬的甜美高湯可以讓米有鮮美的甜味；至於雞肉、牛肉的燉飯也有相對的高湯，所以若是一個餐廳提供各種燉飯，那麼事前的準備真的是大費周章。（註：從國外帶回來很好的番紅花，香氣優雅，做魚和雞肉是很好的搭配。）

材料：紅甘魚、番紅花、帕瑪森乳酪、米

做法：❶紅甘用鹽醃一下，下油鍋煎魚，先煎一面，再翻面煎皮至七分熟。❷餘油炒香洋蔥及蒜末，再加米續炒，逐步加入熱的魚高湯。❸番紅花可以先用一部分的魚高湯泡一下，待米吸收後再度加入，最後加入帕瑪森乳酪，炒約 20 到 25 分鐘。❹煎香的紅甘再稍微烤一下，待米炒好，並以香草等裝飾一起擺盤 。

7

蒼蠅頭義大利麵

義大利麵形狀有很多種，義大利南北也有相當多地方口味，不同的材料配不同的麵；不過，跟台灣相同的是一邊做醬料一邊煮麵，將煮到程度差不多的麵加入醬汁，最後收汁，讓麵除了麵香也吸滿了醬汁賦予的味道。朋友寄來阿嬌老師手做東部的燻三層肉，漂亮的油花很像義大利超市買的好料，做這道義大利麵很棒。

材料：義大利麵、燻三層肉、韭菜花、蘿蔔乾、蝦米、豆鼓

做法：❶蒼蠅頭醬料：先將洋蔥、蒜、辣椒、燻三層肉、韭菜花、蘿蔔乾切好，蝦米、豆鼓泡好。❷三層肉爆香後，加入洋蔥及蒜爆香，續加蝦米、蘿蔔乾、豆鼓，同時另鍋煮麵。❸待麵好後先加韭菜花，後加麵條收汁；最後可以加或不加帕瑪森乳酪。

〈第二主菜〉

第二主菜通常是牛排，也可以是羊。義大利靠海的地方很多，漁貨很多，蕃茄更是種類多且品質好；煮蕃茄燉魚是很典型的漁夫料理。

10

蕃茄燉魚（漁夫料理）

用三層肉炒香後，加上洋蔥、蒜頭炒香，再加白酒燉小蕃茄；另外把魚煎香後再一起燉煮收汁，就是很好的港口料理了。

9

番紅花雞腿肉燉飯

材料：雞腿、番紅花、米、洋蔥、綠色豆子

做法：❶先將雞腿肉去骨並剪掉筋，以鹽及椒醃漬。❷以雞皮這面先下油鍋煎黃之後，翻面煎到八分熟，待飯快好時以烤箱讓肉烤透（但仍保持軟嫩）。❸用餘油炒香洋蔥及頭，再放入米續炒，這時番紅花泡入雞高中，逐步加入雞高湯，把米飯炒到適合的度，約 25 分鐘。❹炒綠色的豆子作裝飾，將雞肉及燉飯擺盤。

11

甜點

義大利的甜點最耳熟能詳的大概是提拉米蘇了，Mascapone 乳酪加澄酒，放在手指餅乾上定型，再灑可可粉，是一道餐後酒，像 Grappa 的好甜點。

釀恆春小洋蔥

這道甜點是西西里島的甜點，但是台灣小洋蔥並不容易見到；春天的候恆春的洋蔥收成，偶爾會在市場看到小洋蔥。

材料：洋蔥、義大利的 biscotti 餅乾、義大利水果乾、肉桂粉、雞蛋

做法：❶餡料：餅乾切碎，混上水果乾，蒸熟，伴入肉桂粉和雞蛋的醬料中。❷洋蔥切半、內心拿掉，剩下的空間放入餡料，再放進攝氏 180 度烤箱，烤 30 分鐘即可。

新加坡

Singapore

既國際化又有殖民色彩，還飄著海味

吃完晚餐在溫暖的海邊散步，也是一種享受；不管是看大獅魚像或是看著棟棟高樓大廈璀燦的燈光，映照在海水中，像漂亮的熱帶魚有豐富的色彩漂來漂去……從夜市裡買一盤沙爹，坐在海邊，沾一點花生漿，吃一口烤得香香的雞肉或羊肉，配上海風的鹹味，不知不覺的時間都靜止了。

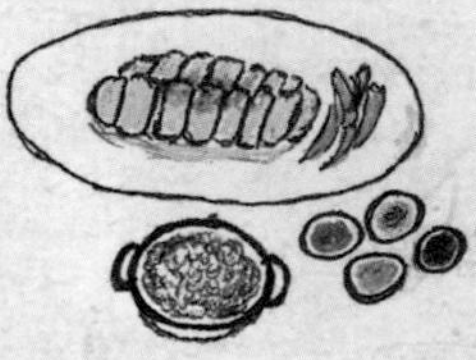

新加坡位在馬來西亞最南端，扼守麻六甲海峽，有兩個半台北市那麼大及五百多萬人口，之前是英國的殖民地，在二戰後曾經短暫加入馬來西亞後又獨立；它靠著優越的地理位置，經營國際貿易並且注意人才的培養及引進，經濟突飛猛進，是個民族熔爐，有多元的文化，人民多能有兩種流利的語言，包括母語和英語。

與台灣有相當良好的關係

新加坡在文化上，因主要的人口是華人後裔、馬來人和印度人，文化交融並有其特別的食物；另外，它曾經受英國殖民一百多年，在四處林立的高樓大廈裡仍有許多的殖民地建築，不同的區像印度、華人、馬來人區，也有他們廟宇及老房子的特色。

幾次到訪新加坡也都是與癲癇症有關；雖然地方不大，但有好多家設備完善甚至能夠進行癲癇手術的醫院，像是國立神經科學中心、伊莉莎白紀念醫院、佛萊氏醫院等，並有兩個為癲癇朋友服務的病友癲癇協會。二〇〇七

年，台灣的病友們也趁參加世界癲癇大會之時，拜會新加坡協會，參觀他們的設施，了解新加坡的社會福利政策；新加坡的志工朋友們十分熱心、也十分專業，令人印象深刻。

國立神經科學中心的林式徽教授和我同年代，在美國頂尖的克里夫蘭癲癇中心受訓回新加坡，他在新加坡推動癲癇的整體照顧，也是亞太區癲癇醫學教育的重要推手。因為是華人的關係，他也會講華語，和台灣癲癇界有相當良好的關係，二十多年來也一起為亞洲的癲癇照顧共同努力。

魚頭、早餐、小吃攤，既相似又獨特

新加坡因為華人占了百分之七十左右，所以在大部分地方華語是流通的；但是到了小印度就好像到了印度一樣，有典型的印度廟宇，四處掛滿了花，包括街頭的食物，完全讓人有身在印度的感覺——空氣瀰漫著咖哩的香味，攤子上的坦都里炸雞，逛街時都會忍不住買一塊來啃。

從小喜歡吃魚頭的我，在這裡看到菜單有咖哩魚頭就快速的決定大享一餐魚頭、啃魚頭——尤其是用新鮮的魚剛蒸好的魚頭。我最先會吃魚眼睛下面那塊肉，這塊肉扎實有勁，然後吃充滿膠質的眼睛，眼睛的新鮮度騙不了人，不新鮮就腥了，接下來骨肉一起進嘴巴，在口中嫩而有彈性的肉由舌頭將肉撥離

骨頭的那一剎那，真是美味啊！

魚頭的滋味豐富，在靠鰓和魚肚的部位也各有風味，味道雖會稍重些，但也更有海味！印度風的咖哩魚頭風味尤其豐富，咖哩帶給魚頭的肉濃濃的香氣，燉的湯還可以配飯沾餅，一個大魚頭就可以吃一餐，真是太滿足了。

值得一提的是，新加坡的早餐和台南早餐喝牛肉湯配滷肉飯的習俗，有異曲同工的效果。肉骨茶發源自馬來西亞，後來在新加坡更是發揚光大，它的來源和台南一樣有時代的背景；在台南，是給要上田的農民有一天的力氣工作，肉骨茶則是當時到南洋工作的華人工人們，補身體好工作的一種補氣食物。馬來版的是以中藥湯頭為主，新加坡版的除了中藥外還有濃濃的蒜頭香，俗話說蒜頭食補更勝人蔘，在這道料理上可以充分表現出來。早上喝個茶、大塊的吃肉，飽足了體力可以走一天的路程！

說到新加坡的小吃攤，相當有規劃！通常是以小吃街（food court）的方式呈現，和我們夜市凌亂的狀況大不相同；小吃攤分布在各區，裡面有各種不同的小吃，像是福

建麵、釀豆腐、燒臘飯、馬來咖哩、海南雞飯等攤位。海南雞飯在馬來西亞和新加坡都很好吃；中餐吃個海南雞飯，享受吸飽了雞湯的香米飯，淋上辣椒醬和黑醬油增添了米飯的香味，配上有著黃油色的嫩雞肉，和每家都各有特色的醃漬小黃瓜及薑末，又給下午一個有力的腳步去探索。

靠海的國際都市和殖民色彩，味道就是不一樣

新加坡是非常國際化的都市，歐、美、日、菲、中各種料理都有。晚餐的選擇很多，像是台灣出身的江振誠在這裡也有米其林二星的餐廳 Resturant Andre，是非常高階的創意料理；我吃過他在台北開的 Raw 餐廳，創意的表現著實令人感動！記得有一道菜他是仿客家小炒做的，但他把菜的元素解離並加以替換，再次組合成為新的口味。他用小牛肉和乾小章魚取代了三層肉和魷魚，這樣做少了三層肉油香爆蔥的蔥油香及魷魚沾滿蔥油以後的山海味；以客家人而言，自然並不會吃出懷念的味道，但以創新的角度來看，以小牛肉的嫩配上小章魚的海味和細切的香蔥，絕對是味覺的一種新體驗。

吃完晚餐在溫暖的海邊散步，也是一種享受；不管是看大獅魚像或是看著棟棟高樓大廈璀璨的燈光，映照在海水中，像漂亮的熱帶魚有豐富的色彩漂來漂去……從夜市裡買一盤沙爹，坐在海邊，沾一點花生漿，吃一口烤得香香的

雞肉或羊肉，配上海風的鹹味，不知不覺的時間都靜止了。

賞完海景還不想睡，可以到酒吧走走，喝個飲料，聽聽現場演奏，現在新加坡許多高樓飯店的酒吧都在頂樓，有很好的風景。但我覺得，到傳統殖民地風情的地方更棒，在市區裡，殖民地建築風格的佛萊士酒店是保存很完整的地方，它沒受到二戰的破壞，但戰爭中曾經是集中營。

酒店的建築不高，保留英國維多利亞式的風格，裡面有熱帶花園和英式歌劇院，二樓的長廊酒吧是調酒新加坡司令（Singapore sling）的發源地；這款酒在二十世紀初是以仿琴通尼（Gin Toni）的方式變形而來，基酒仍然是琴酒加上櫻桃白蘭地、君度澄酒、班尼狄克汀酒、安格斯苦酒，和鳳梨汁、檸檬汁，杯口裝飾鳳梨及櫻桃，喝起來很有熱帶的風情。在這酒吧，把剝下的花生殼直接丟在地上，是他們的特色；因為客人很多，滿地都是花生殼，走在裡面，喀啦喀啦的響，相當有趣。另外，他們的啤酒就像是做實驗的燒杯架架著，可以拿著架子咕嚕咕嚕的喝，喝完一個燒杯，好大的量，差不多就醉了。

異國的餐桌 7

辦新加坡餐，共享香噴噴的中秋佳節

學生到新加坡開會買了一堆新加坡香料回台灣，有沙爹香料、肉骨茶包、海南雞飯的辣椒醬、醬油、辣螃蟹的配料、仁當牛香料、咖哩魚頭香料等好多樣。尋找了適合的食材，試做了新加坡餐和學生及朋友們共享一個中秋佳節；香料的食物味道豐富，中間也搭配一些比較清淡的，整個吃下來不會有過重的感覺。

以下是當天新加坡餐的縮影，感謝新加坡的朋友曾經那麼熱心帶我了解到他們的小吃，讓我有機會重新呈現出這特殊的融合文化。

1

雞肉沙爹

沙爹基本上是印尼的食物，通常是雞、牛、羊或魚用醃醬醃過再用炭火去烤，烤完後沾醬配著小黃瓜等醃漬的食物吃；它不只在印尼，東南亞各國像馬來西亞、新加坡、菲律賓等國家都非常的流行。香料配上肉的油香十分過癮，它和中國北方的芝蘭羊肉、北非一帶的 Kebab 烤肉、南美洲的 Anticucho 烤肉有異曲同工之妙。

沙爹製作基本上有醃醬和沾醬：

沾醬：準備乾辣椒、紅葱頭、蒜頭、石栗子、檸檬香茅莖、椰奶、炒好的花生、羅望子汁、紅糖、油及鹽，將乾辣椒、檸檬香茅切碎和紅蔥頭、蒜頭、石栗子一起放在果汁機打成碎，然後起油鍋將之炒香再加入椰奶、羅望子汁、花生碎等，最後以糖、鹽調味。

醃醬：準備香菜子、茴香子（Cumin）、小茴香子（Fennel）、紅蔥頭、蒜頭、檸檬香茅梗、南薑、薑、椰糖、羅望子果汁，將以上香料先用臼打碎，香味出來再加切碎的蒜頭、紅葱頭，和香茅、南薑及薑，加上羅望子汁及椰糖拌均勻。

做法：肉放在醃醬冰 4 小時或隔夜，把肉切約 2 公分寬串在已泡水 30 分鐘的竹串上，烤約 5 到 8 分鐘，烤肉時可以刷一些橄欖油，好了之後沾沾醬配醃好的小黃瓜。

3

新加坡辣螃蟹

用大沙公來做這道新加坡辣螃蟹最好，螃蟹去外殼，除去身體的海棉部位，把螯先取下，身體切成一半，每一半切成三份，洗淨擦乾。

材料：薑、蒜、新鮮辣椒、新加坡豆瓣醬、紹興酒、蕃茄醬罐頭、新加坡辣醬、糖、鹽、白胡椒、玉米粉。

做法：先用小火炒香蒜薑及辣椒，加入豆瓣醬續炒然後加入螃蟹約炒 2 分鐘，再加入酒、蕃茄醬、辣椒醬、糖、鹽、胡椒及水，低溫翻炒約 10 分鐘，加上玉米粉炒一下，最後加入蛋炒熟即可上桌。

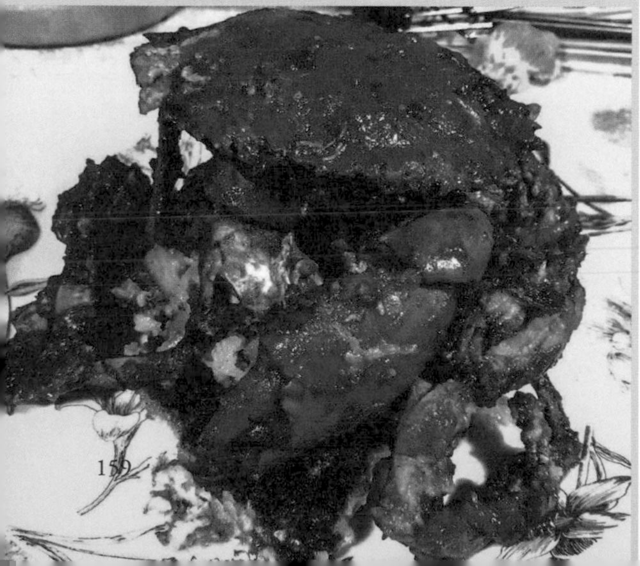

2

花生豬肚肉骨茶湯

肉骨茶包裡有多種的中藥，若不用傳統的做法燉排骨，照我們四物燉豬肚的想法來燉豬肚是蠻合適的；豬肚的處理蠻費工的，首先要把肚內黃色的組織全部除去，然後用麵粉和鹽交替的把肚子洗乾淨。去腥味的話，可在開水中加檸檬或是醋先煮 5 分鐘再撈起來，整個肚加上水、肉骨茶包、大量的蒜頭和米酒及鹽，用小火慢燉 1.5 小時然後再加花生，讓花生煮軟，取出豬肚切成小片再入鍋上桌，即是美味的肉骨茶包豬肚花湯。豬肚沒有切成小片煮，會維持它的脆及軟的綜合口感，水分不流失不會變成柴柴的，這是煮這湯很重要的一個觀念。

4

新加坡海南雞飯

將全雞先洗好除去多餘的油，洗淨先風乾一下，然後用紹興酒和醬油抹腹腔，再塞入薑、蒜和蔥。在深鍋中加入足以浸全雞的水，煮沸息火將雞肉浸入約 5 分鐘，然後取出雞，浸泡冰水，再把雞肉放入熱水 15 分鐘，再拿出來浸冰水，然後再放入熱水 10 分鐘，最後拿出浸冰水，然後將水煮沸關火，雞肉放入 15 分鐘，取出風乾。

將取出的雞油及剛才煮雞肉的湯汁，以 1：1 的比例加入洗好並泡好的米中，將米與湯汁先煮沸，轉最小火約 15 分鐘，然後離火，用匙拌一下飯，再蓋上悶即可。

薑汁：用老薑剁成末加入醋及開水

辣椒薑汁：將薑、蒜頭、辣椒剁碎加入雞湯

6

仁當牛

牛肩肉切成 4 公分左右大小，再備辛香料：乾辣椒、紅蔥頭、蒜頭、南薑、薑、薑黃粉一起放入果汁機，加椰奶打成泥。之後，椰子仁切細絲炒成金黃色備用。將辛香料加椰奶、鹽、糖、羅望子汁、檸檬香茅，慢火加熱並加入牛肉慢燉 1 小時，最後加入椰子仁絲拌到收汁約 10 分鐘，好了之後可配白飯或餅。

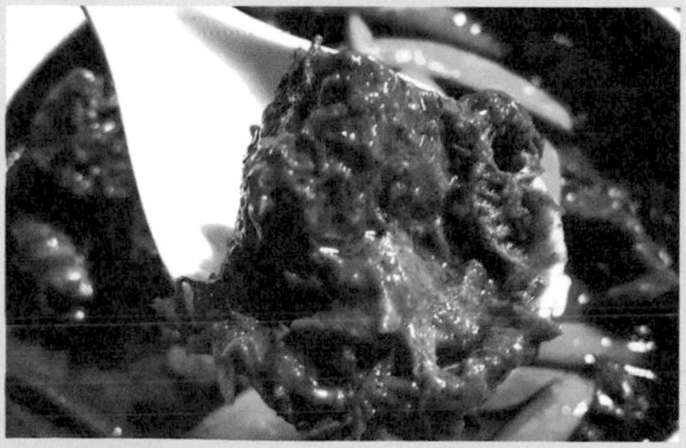

5

咖哩魚頭

草魚頭或鰱魚頭抹鹽冷藏，備洋蔥、
茄、椰奶、鹽、糖、咖哩葉、秋葵、羅望
汁、芥菜子。

備香料：香草子、茴香子、小茴香子、胡
子、胡蘆巴子和薑黃粉；先將所有香草子放
鍋中加熱到香味出來，磨成粉再加薑黃粉，
合好加水成糊狀。

備辛香料：乾辣椒、紅蔥頭、蒜頭、薑先磨
混合。

做法：芥菜子先用油炒香拌入辛香料及香料，
炒 4 到 5 分鐘炒到香味出來，加椰奶、鹽、
糖、咖哩葉、羅望子汁，讓其滾 5 分鐘，這
再加入魚頭、蕃茄、秋葵，看魚頭大小煮 1
到 15 分鐘。

印度

India

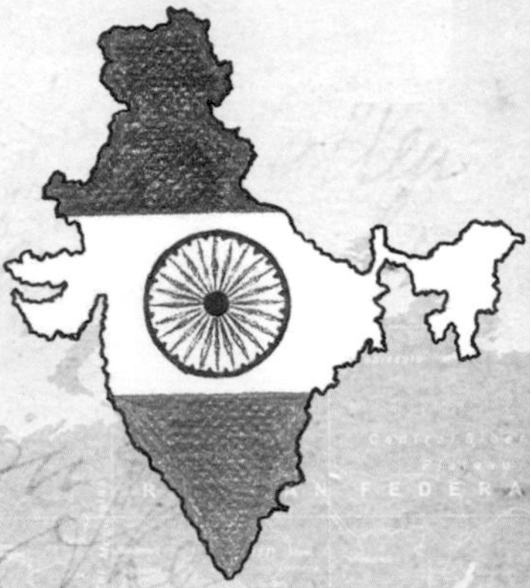

人種、宗教、語言大熔爐，天堂和地獄的交界

鷹嘴豆煮熟了可以當沙拉配料，或鷹嘴豆和茄子、南瓜的料理；另外他們有奶製品及乳酪的使用，以及在調味上多使用香料及咖哩，這些都是他們素菜的特色。至於主食方面，除了米飯之外，也用各種的餅伴隨著咖哩等醬汁配合蔬菜，是他們的傳統吃法。

印度有十三多億人口，即將在這幾年超過中國大陸成為世界人口最多的國家；除了人口多，它也有超過二十種不同的語言和許多不同的民族、宗教，是個人種、宗教、語言的熔爐。雖然近年來經濟上突飛猛進，但是印度在我們的媒體報導印象裡，還是以乞丐、小孩的盼望眼神，占了很大的印象，還有衛生條件不良，吃完食物拉肚子的可怕和近年來屢屢發生婦女不安全的問題，成為很多人的顧忌。

天堂與地獄並存的國度

到過印度幾次，北部的新德里是政治經濟的中心。三十年前第一次到印度時，對於完全不同的人種、文化、建築，充滿了新奇；德里宏偉的紅堡是伊斯蘭混合波斯式的建築，從十七世紀開始就是王國的首都。印度雖然很多的寶物現在都在英國的博物館，但是二十世紀時印度獨立後重建過，每年八月十五日，印度總理便會在這兒的大門向全國演講，象徵獨

立的一個重要儀式。紅堡晚上紅城的燈光秀和城內的市場，更是觀光客必來參拜的地方，它的建築師也是和建築阿格拉城泰姬瑪哈陵同樣的一位，這兩座伊斯蘭的建築作品顯示了回教在那個年代的輝煌歲月。

在德里留下的最大印象是，我這個單槍匹馬的年輕小伙子到德里的第一天，因為好奇及照相，隨身攜帶的包包不見了；那時在新的五星飯店 Ashok 參加世界神經學會的歡迎晚宴，我還是個小住院醫生，到處照相，包包放在座位上就不見了。年輕的我錯過了一線生機，因為有個神祕的印度人來問我，「先生你是否丟了東西」，我沒有理他，當時應該靜下來跟他談判而且付錢了事，就不需要後來大費周章去報警，辦證件奔波好幾天。尤其是，當時東西丟了愣在會場，想到其他的衣物都鎖在飯店的行李箱裡，鎖被偷走了怎麼辦？只好在會場帶了把牛排刀回旅館，費了一個多鐘頭才把鎖鋸開，終於可以洗澡換下一天的驚魂，養足精神去應付證件機票等遺失的後續。

印象也很深刻的是，印度有雄偉的建築、豪華的旅館、特殊的美食，卻掩不住處處可見的乞丐與睡在廊下的人們。雖然城市興起與現代化，種姓制度的影響力在印度還是相當的可怕；印度有四大種姓，婆羅門（祭司、教師）、剎帝利（士兵、統治者）、吠舍（普通工作

者、商人、農人、工匠）、首陀羅（奴隸），以及四種姓之外，被稱為不可接觸者的賤民——達利特（出生後永不得翻身；看到這些可憐的人們，真是替他們難過）。

印度因為是英國殖民的關係，英文成為了印度語之外的官方語言，因為語言的關係，帶動了很多軟體及服務業的代工，許多外國公司將資料送到印度經過服務代工轉回去原來的國家。製藥方面，印度目前也是世界上最大的學名藥生產地，這樣也或許可以解決龐大的人口醫療藥費仰賴進口太貴的問題，這個產業倒是印度值得驕傲的地方。

爭取，才有生存的空間

和印度的朋友一直都沒有很良好的關係，或許是受到之前碰到的印度國際友人勇於爭取利益、不斷的要求許多好處有關。到了印度看到這麼多的人，許多的人是在掙扎的求生存，感受到他們不得不為自己的牛活打算的一種氛圍，對於他們的行為似乎有點釋懷；因為我們的訓練自小比較少個人主義，也比較多的溫良恭儉讓，反而會覺得太多的要求是一個不適當的行為。後來遇到印度朋友 Vinod，他是個謙虛的長者，關懷並且很幫助印度癲癇的朋友；我到印度參與他們的改善歧視計畫，也看到了學校老師的癲癇教育，他們認真的為改變社

會歧視而努力。

印度的法律相當奇特，他們在一九五七年的法律條文有規定，若是身有癲癇而結婚的話，這個婚姻是無效的。Vinod 告訴我，他們為了這個法律，必須結合相當多人的力量，改變國家的立法，一直到一九九九年，這個婚姻法才正式的除去，讓身體已受苦的癲癇朋友正式脫離另外一種的社會歧視。

龐大的送便當機制，真是神奇！

往南部走，孟買與北部的德里是完全不同的感覺；孟買是印度的經濟中心，也是除了好萊塢之外的另一個世界電影中心——寶萊塢，目前已是世界產量最大的地方。寶萊塢電影中常見歌舞穿插，是它的特色；但是近幾年寶萊塢電影內容也力求革新，出現了許多兼具藝術性、原創性、娛樂性的佳作。前幾年在台灣上映的「三個傻瓜」就是以戲謔方式批判大學教育，描述一群貧窮但充滿創新的小孩的故事……之後成為最

賣座的寶萊塢電影。

說到在印度的時候，曾發生不少新鮮事。在孟買的機場，就曾發現一個很古色古香的便當盒，很像我們早期的台鐵圓便當，但是它有三層，和臺鐵便當盒只有一層或兩層不同。看了一下說明，發現這是一個相當有趣的制度下的產品，於是買了一個留念，直到碰到孟買的朋友，也實際了解這便當的運作，才發現真是神奇！

他們告訴我這個系統叫 Dabbawala；dabba 是便當，而 dabbawala 是送便當的人。在孟買，有許多的上班族喜歡吃家中的熱食，不像我們常常在辦公室叫外食及便當，但是如何將家中的熱食送到辦公室呢？dabawala 系統於是生成了。據說這個系統已經超過一百五十年了，目前 dabawala 有五千到六千人，每天運送便當在二十到二十五萬份之間，一個家庭每個月負擔一百出頭台幣。

他們的運作是這樣的，每個家庭早上十點把便當煮好放在門口，這時A會到門口收集，用最快的時間送達附近的車站，由B收集各路來的便當並分類交給C帶上公車、火車，到某站

放下，這時由D送到辦公室門口，家人就在中午有家裡現做的便當吃了；吃完以後放在辦公室門口，一點以後依反方向送回家，四點左右這便當盒就又回到家門口。這個系統據說完美的運行，幾乎沒有送錯便當，連哈佛大學的商學院也特別來做過研究，國家地理頻道也有錄影播出。

至於為什麼有三層？理由大概是印度人吃東西的習慣，一層是米飯或餅，一層是咖哩或不同的醬料，另一層則是蔬菜或肉類，在辦公室就像家中，菜沾咖哩放在餅中或飯上食用。

吃素人口世上最多，最愛鷹嘴豆

在孟買逛香料店也很有趣！發現有一種香料號稱混合了九十九種香料，當時便買回台灣，準備做一次孟買的便當料理。後來，在一次的餐會上，我介紹了在孟買的見聞，也做了一道便當料理讓大家分享印度的家庭味道。當天做的是咖羊腩，咖哩的炒法是以傳統咖哩的方式，先將切碎的洋蔥炒成金黃色再炒蒜末及薑末，待香味四溢後加入這混了九十九種香料的咖哩粉，加入炒香後再加羊骨高湯燉羊腩約兩小時。在準備上桌前須先煮好米飯，當天烤了綠色和黃色的櫛瓜和新鮮的菇當蔬菜，這樣併在一起就是典型的孟買便當菜了。但是值得注意的是肉類的選擇，在印度大部分人是不吃牛的，多數以羊肉或雞肉為主，豬肉也是相當的少。

印度在宗教上雖有多種宗教的融合，但是最多的人是信印度教，印度教徒除了拜黃牛為神，不吃牛肉之外，素食的人口也是相當的多。印度占世界上吃素最多的人口，素食的樣式和種類與我們有相當大的不同，我們在豆類以黃豆為主，並有許多種黃豆的製品像豆腐、豆包、豆皮之類；他們黃豆的使用較

BLACK
CURRY

少，反而是鷹嘴豆的使用較大，常見的是鷹嘴豆泥、鷹嘴豆泥煎餅。鷹嘴豆煮熟了可以當沙拉配料，或鷹嘴豆和茄子、南瓜的料理；另外他們有奶製品及乳酪的使用，以及在調味上多使用香料及咖哩，這些都是他們素菜的特色。至於主食方面，除了米飯之外，也用各種的餅伴隨著咖哩等醬汁配合蔬菜，是他們的傳統吃法。

餅方面最常用的是 Naan（饢）和 Roti（羅提），通常印度 Roti 用的是全麥麵粉，不加酵母，而 Naan 用中筋麵粉且有加酵母，吃起來口感不同；另外 Roti 可以用一般煎鍋來烤，但 Naan 通常在烤箱裡烤。

另外，走在印度的街頭上，到處都可見推著車的小販，擺著不同的食物，有榨甘蔗汁的，幾塊錢就有一杯，在炎熱的街上喝上一杯，不失是消暑的方式；更多的攤位是擺炸物的，有炸蔬菜餅或印度咖哩餃等等。有一種辣的印度泡芙又稱 Pani Puri（帕尼普里脆餅），小販盛了一大袋預做好的泡芙殼，客人買時先加豆子和馬鈴薯泥，再加進芒果辣椒薄荷醬汁，和我們一般的泡芙有絕大的不同，而且充滿了果香、香料、辣椒，十分爽口。

羅提 Sada Roti

材料：全麥麵粉 2 杯、1/2 小匙鹽、3/4 杯水、奶油

做法：❶先將麵粉篩過加水及鹽揉成麵糰，然後醒 15 分鐘。❷然後將麵糰分成 12 ～ 15 個，用擀麵棍將小麵球擀成約 4 吋圓。❸將擀好的麵餅放入預熱不加油的煎鍋，將兩面煎稍黃。❹煎好的餅直接放火焰上，餅會中空膨脹起來。❺涮奶油在膨脹的餅上，趁熱吃。

印度乳酪 Paneer

素食中很重要的一個配角是印度乳酪 Paneer，Paneer 可以很簡單的用牛奶煮沸加檸檬，成為有顆粒的懸浮液，打撈起這些固狀懸浮放在做豆腐的模具中壓好，就是常見的印度乳酪；它可以切成小塊用烤盤煎好，再搭配蔬菜例如南瓜塊及咖哩，就是很好吃又營養的素菜。

印度泡芙

材料：50 克麥粉（Semonila）、50 克中筋麵粉、水、炸油

泡芙皮做法：先將麥粉和中筋麵粉篩好，慢慢加水攪拌成為麵糰，用手揉勻，放 15 分鐘。以上材料可做 50 份，取一小份擀成薄小圓盤，放在濕的巾子上，蓋好醒 30 分鐘左右，熱油到攝氏 150 度左右，中火加熱，放下擀好小圓，炸成金黃色，它會膨起來成為球狀。

餡料的做法：馬鈴薯蒸好壓碎成小丁，印度雙花扁豆（Horse Gram）泡過後在滾水煮軟，加鹽、紅辣椒粉、茴香粉，另準備香菜葉。

醬料的做法：2 顆芒果、2 杯薄荷葉、1 茶匙薑末、2 茶匙綠辣椒末、4 杯水、1 匙加拉姆瑪沙拉（Garam Masal）、1/4 匙阿魏（Asafoetida）、4 根丁香煎香磨粉、2 匙茴香粉、2 匙辣椒粉、鹽、1 匙檸檬汁。將芒果加水煮之後去皮及果核，放冷取出打碎，加入其他的香料打成汁。

吃法：將泡芙打個小洞，加入餡料，淋入醬汁，配香菜葉吃。在小攤子上看印度人這樣吃真覺得特別，手續多而且又有湯汁；若不是在當地訓練好腸胃，真有點無福消受之感，但試試這脆餅夾著這樣豐富的味道，會覺得路邊攤也太神奇了。

印度香米飯

印度香米飯是他們米食的特色，各地有不同的做法和不同的配料，一般都會有肉類伴米飯，主要是羊肉或雞肉為主，但在海邊的區域則有可能以海產如蝦蟹魚來配飯。當然也有許多素食的做法，傳統的做法是以羊肉先做好鋪在陶鍋的底部，然後放生的米或是半熟的米在羊肉上，然後在米上灑蕃紅花，並用麵糰將陶鍋的蓋子邊緣整個封住，這樣在燉飯的過程中，底層羊肉的香味可以往上攀升到米中，蓋子因為被麵糰封住，這些香味及蒸氣又從鍋頂往下將蕃紅的細緻香味融入米中。另外印度的米也有相當多的種類，傳統的做法是以印度長米來做，目前也可以用各式的米來表現。

回到台灣之後，對於這樣特別的味道實在難以忘懷，也特別將它在台灣重現。

材料：咖哩羊肉、羊肩肉、薑末、蒜末、葛拉姆瑪沙拉粉、薑黃粉辣椒粉、薄荷、香菜、洋蔥、優格

做法：❶將咖哩羊肉做好。羊肩肉切成塊狀，加上薑末、蒜末、葛拉姆瑪沙拉粉、薑黃粉辣椒粉、薄荷及香菜混合好放隔夜，第二天在炒鍋中先炒香洋蔥成為金黃，另外起油鍋將泡好的羊肉煎成金黃色。❷將咖哩羊肉放在鍋底，加入昨晚的醬汁、優格、炒香的洋蔥，在燉鍋中燉 40 到 50 分鐘，直到羊肉軟嫩的程度。❸徹底洗好米，加足夠的米水程度（通常 1：1）放在鍋內約滾 5 分鐘，將米取出均勻放在羊肉上，灑蕃紅花並放一些香草葉及炸香的洋蔥及牛奶，這時先加熱到滾約 5 分鐘，並且用麵糰將鍋邊緣封好，將蓋子蓋上，放入預熱 220 度的烤箱烤。❹麵糰的做法：用中筋加適量水及鹽到可成為麵糰的濕度，圍繞在蓋子邊緣烤好的飯不但有米香、肉香和香料的混合香味。❺經過 40 分鐘的等待，香噴噴的印度香米飯就是歡樂晚餐最有香味的主角了。

印度天多利烤雞 Tandoori Chicken

這是一道上百年的歷史料理，原來在印度的西北邊發展出來的美食；印度在分裂後，西北邊已成為目前的巴基斯坦。這道菜在印度建國第一位總理款宴時就是國宴菜，目前國宴也都會有這道料理，但不只是餐廳可以吃到，在印度的大街小巷也可以看到起一個小灶放了炭火，將醃好的雞肉串在烤肉鐵串上烤，路人可以買一塊當場享用。至於傳統的做法則是雞肉醃好放在灰窯裡烤，燒木炭煙燻的效果；雞肉除了醃料的風味更有一層木頭的香味，在台灣我們沒有典型的窯，可以醃好後放在烤箱裡，並加木屑產生烇窯煙燻的味道。

材料：雞肉（可以選擇全雞、半隻雞或雞腿肉）

醃醬：天多利瑪沙拉（Tandoori Masala）、薑末、檸檬、優格、鹽、瑪沙拉（可以在印度雜貨店買到）

做法：❶雞肉先抹鹽風乾，然後加入醃醬，最好是醃一天，醃好後以烤箱先預熱攝氏 175 度，另將木屑放一小盆置入烤箱，烤約 30 分鐘，然後升高溫度到攝氏 200 度，約 10 分鐘讓皮酥脆。❷烤雞出來的油可作為沾醬，烤雞可搭配飯或者印度餅（Naan）來吃。

伊拉克

Iraq

走過人間樂土，憶友人，你好嗎？

在聯軍部隊收復摩蘇爾的戰爭期間，我每日會查一下他們戰爭的現況、逃難人民的生活；看著難民收容所的照片，回想起當初到那邊的景象，那些朋友們是否還安好？回憶起他們的食物，決定做一次伊拉克餐會，把這些記憶做一個連結。

伊拉克在近幾年飽受戰火蹂躪，從布希下令推翻海珊政權，之後各方軍頭林立，甚至在二〇一四年ＩＳ控制了伊拉克一大部分的土地，並在摩蘇爾（Mousl）宣誓成為哈里發國的首都；由美軍幫助的伊拉克政府軍從二〇一六年十月開始反攻摩蘇爾，百萬居民的摩蘇爾有超過七十萬人逃離家園，是近年慘烈的人道危機。

不再是上帝的應許之地了

現在滿目瘡痍的伊拉克，在遠古時代其實是人類的伊甸園，聖經《創世紀》第二章十至十四節提到：「有河從伊甸園流出來滋潤那園子，從那裡分為四道：第一道名叫比遜，就是環繞哈腓拉全地的。在那裡有金子，並且那地的金子是好的；在那裡又有珍珠和紅瑪瑙。第二道河名叫基訓，就是環繞古實全地的。第三道河名叫希底結，流在亞述的東邊。第四道河就是伯拉河。」希底結河就是現在的底格里斯河，它流過摩蘇爾，將城市分為東城與西城，西城的主教堂就是ＩＳ宣誓哈里發國首都的地方，現在已經成為斷垣殘壁。

《創世紀》第二章七至八節：「耶和華神用地上的塵土造人，將生氣吹在他鼻孔裡，他就成了有靈的活人，名叫亞當。耶和華神在東方的伊甸立了一個園子，把所造的人安置在那裡。」這個上帝造人安置的地方——目前的伊拉克，已然被戰火蹂躪、生靈塗炭，比較聖經中那上帝應許的地方，已經完全無法連想到那種人間樂土。

和伊拉克結緣是在世界癲癇局任職的時候，認識了沙烏地阿拉伯及約旦的同事，和阿拉伯同事聊天時，發現他們對於時事的針砭相當的犀利，對於整個世界——美國和阿拉伯之間的關係、阿拉伯之間的問題，都能夠很深入的討論，也對於政府能夠有激烈的批評，甚至臺灣與中國的關係也能夠有一定程度的了解。

因為他們的關係，我走訪了以色列、約旦、伊拉克，了解中東地區在保守的社會中他們對於癲癇的照顧；在阿拉伯的保守氣氛下，神祕的疾病也是受到很大的歧視，病友在生活許多方面，例如工作，有相當大的影響。

在中東地區旅行，比較大的障礙是語言和文字，許多的地方連英文的標示都沒有。在完全是阿拉伯文的地區，看到全部包著頭巾的人，文字語言都不通，矮房子幾乎長得完全一樣，迷路的時候，恐慌的程度可以到達極大。另外因為戰亂，街頭也到處都是荷槍實彈的軍人，安全檢查也是極為繁瑣；有一次在以色列搭飛機出境，為了安檢提前三個小時到機場，安檢人員把行李一項一項翻箱倒櫃檢查，第一個安檢官檢查完，又換下一個安檢官，又重頭開始檢查，沒想到第二個檢查完，又換第三個，檢查完入關

飛機都已經飛了，只好由航空公司安排改搭其他班機。也看到一位阿拉伯新娘因為嚴格的檢查，班機也搭不上了，在機場哭泣，這都是在其他地方旅行無法體會的事情。

朋友們是否還安好？

阿拉伯國家甚至以色列有許多共同的菜色，在街上有許多沙威瑪（Kebab）的小店，片幾片沙威瑪肉片，加些蔬菜，醃漬菜夾在麵包中或是放在口袋（Pita）麵包中，就是一道最方便的街頭食物。街頭有許多炸食物的小攤子炸著鷹嘴豆泥，和香料做成的豆丸子（Falafel），可以和蕃茄碎、黃芥末醬拌著一起吃。

在聯軍部隊收復摩蘇爾的戰爭期間，我每日會查一下他們戰爭的現況、逃難人民的生活；看著難民收容所的照片，回想起當初到那邊的景象，那些朋友們是否還安好？回憶起他們的食物，決定做一次伊拉克餐會，把這些記憶做一個連結。

異國的餐桌 8

連結記憶，決定做一次伊拉克餐會

2017 年 5 月 6 號餐會的時刻，是在聯軍於 2016 年 10 月開始反攻 ISIS 摩蘇爾，2017 年 2 月收復底格里斯河河東區域，5 月份攻擊底格里斯河河西區域戰事最激烈的時候。河西是老城區，路小人稠，戰鬥難度高，難民激增。

餐會的封面是以摩蘇爾的戰爭為標題，菜單在右邊，當天是以地酒搭當地的食物為概念；買不到伊拉克酒，選了附近黎巴嫩 Musar 酒莊的紅白酒當主軸來搭配。

做法：

前菜 Appetizer/ Mezze: Hummus

① 材料：鷹嘴豆：泡一晚煮好去皮壓成泥
feta cheese
紅椒：先用火烤 切成小丁
Oregano 葉子（奧勒岡）
(沙) 黑胡椒
辣泥 咖哩粉
鹽 （芫荽子） 小黃瓜

裝飾 牙籤、黑橄欖、紅椒
1. 小黃瓜 薄片
2. 捲
3. 紅椒 黑橄欖 黃瓜捲

② 辛香料 Cheese：煎 or 烤
1. 檸檬
2. 牛奶
3. Oregano葉
4. 香草葉
5. 芫荽子 炒香
6. Sauce 檸檬 糖

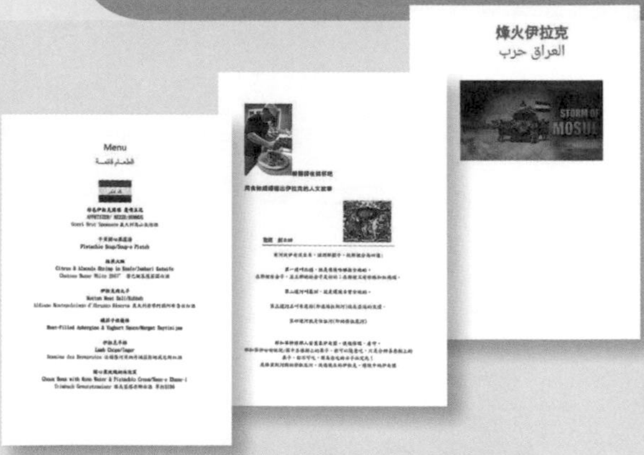

1

Hummus

這是他們最常吃的冷盤開味菜 Hummus 和自做起司，Hummus 是鷹嘴豆泥發泡煮熟去皮搗碎後混合橄欖油、蒜末和一些香料；它是中東最常見的開味菜。我在這道菜特別設計以伊拉克的國旗插在一片焦土之中，國旗是以小黃瓜薄片的綠色包住 Hummus 的白色，佐以黑橄欖的黑色，和紅蘿蔔的紅分別表現伊拉克的黑白紅綠；至於手做起司是以牛奶先煮滾加入適量的檸檬，讓其凝固再加以成型，起司故意煎得焦一點，這樣可以代表戰爭焦黑的土地，這道菜是餐會專門為伊拉克的戰爭而設計。

3

乾果大蝦 Jambari Kataife

這道菜延續開心果等當地堅果特產的特色，將杏仁（Almond）與核桃（Walnut）炒香，剁碎然後包入去殼的大蝦中，外面再以千層皮包裹炸香，佐帶點酸的橘子及葡萄柚，灑上巴西里、薄荷橄欖油，讓清甜的大蝦有核果的堅果香味包覆香草及果子的酸甜，炸香的千層皮（Filo）也帶給食物一層酥脆感。

做法：

乾果大蝦

Citrus & Almond & Walnut Shrimp in Kaafe
Jambari Kataife

1. 蝦．去腸．去殼．剩尾
加 塩．pepper 稍醃

2. Almond．Walnuts 碎 → 烤
加檸檬 & 橘子(皮)

3. Kunefe 皮
包蝦

4. 180°c 油 →

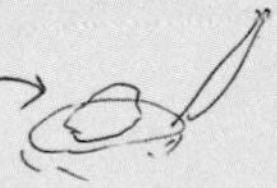

配菜
1 香甜 Grapefruit or 橘子
2. 紅洋蔥（泡冰）
parsley mint. 灑上.
orange juice
olive oil 油

先配菜.
↓ 加蝦在上

2

開心果香煎干貝濃湯 Soup-e Pistech

開心果在中東產量世界第一，很多的零嘴、開心果奶油、冰淇淋都很普遍，常見的甜點果仁千層酥（Baklava），也會灑開心果碎在上面。以開心果作濃湯是他們的地區料理，在伊朗及北部的伊拉克像摩蘇爾就蠻普遍的，用蒜頭洋蔥炒香後加入開心果碎及香料和高湯煮出來的湯，富有堅果的香氣、淡淡的茴香芬芳，配上香煎干貝的甘甜，是一道口感豐富的湯，配上黎巴嫩豐富口味的 Musar 白酒，極為搭配。至於擺盤方面，淋上白色的優格醬有聯軍圍城的概念。

做法：　干貝開心果濃湯 & 干貝
pistachio Soup / Soup-e Pisteh

材料：
pistachio
butter
蒜頭．洋蔥
leek
Cumin Seeds
corn flours
雞湯
塩．胡椒
orange juice
lime juice

Toppings：
1. 白優格
2. pistachio 碎
3. Sumac

干貝：乾煎．置中

做法：

伊拉克肉丸子 Mutton Meat Ball / Kubbeh

內包物

- olive oil
- pine nuts
- onion
- 羊肉
- cinnmon
- all spices
- sumac
- pepper

外包

- onion
- cinnmon
- cumin
- all spice
- Marjoram
- burghul (泡水)
- 羊肉 (絞兩次)
- salt pepper

(佐) Cumber an 优格 Mint Salad

- garlic
- 优格
- Salt
- cucumber (薄片)
- Mint. 乾. 新鮮

4

伊拉克肉丸 Kubba Mousl

這種肉丸是一種黎凡特（Levantine）食物，所謂黎凡特是泛指居住在地中海東邊的人們，當然包括伊拉克、伊朗、敘利亞、以色列人都有他們類似的肉丸做法，可以用羊或是牛甚至雞肉來做。

肉丸是以肉包肉的方式去做，外層的皮混了大麥碎（Bulgar）與香料包括茴香、肉桂和眾香粉（All Spicces），大麥碎泡軟之後，混了洋蔥炒香之後的香料羊絞肉作為外皮；內餡方面則是以洋蔥炒香香肉及牛絞肉，加一些松子增加口感，外皮套在姆指形成一個洞，包好內餡後做成橄欖球的形狀去炸。肉的豐富口感配上薄荷蒜頭涼爽嗆的醬汁，搭上 Musar 的紅酒，複雜的口感有融合之美。

6

伊拉克羊排（Imgur）

羊小排是運用香料及堅果，豐富了羊小排的肉質。

做法：

伊拉克羊排 Lamb chops/Imgur

材料
butter
parsley
coriander
all spices
paprica
麵包碎
pistachio碎
garlic
檸檬皮

做法 1. 羊排
olive oil. salt pepper
抹好
200°c 15分

2. butter. parsley. coriander
garlic 檸檬皮.
打好. 加 麵包碎
pistachio碎

3. 抹上

180°c 15分

休息 5–10分

(配菜)
蕃茄
甜蔥
cucumber
red onion

lemon
sumac
olive oil

5

釀茄子（Skeikh Mahshi）佐優格口袋餅碎

在阿拉伯的食物裡，以羊肉來釀茄子，釀青椒，或是高階一點釀朝鮮薊，都是很常見的食物。釀茄子是選用小的茄子（Small Aubergine）來做；小茄子煎炸之後，將心壓平，內餡用洋蔥炒香加香料，再炒香羊絞肉、蕃茄粒。裝飾的口袋餅是把口袋餅切成小方塊，再用小火煎脆，最後淋上優格蒜頭醬。

做法：

釀茄子佐優格
Meat filled Aubergine & Yoghurt Sauce
Margat Baytinjam

1. 優格 Sauce
優格
蒜末
鹽

2. 小茄子
onion.
羊肉碎
all spice
Cinnamon
dry mint
salt. pepper.
tomato 去皮切碎

3. Garnish.
pine nuts (炒過)
Almons
cayenne pepper
Sumac

4. 碎餅. pita brea

1. 小茄切半
加入鍋煎炸
好後. 放涼

2. Onion 炒香
加羊肉 香料

3. 擺在茄子上
180°c 烤

4. 裝盤.

7

煎白肉魚佐烤茄子

這是一道經過思考的融合料理，其中主要的基調在於烘烤茄子，大的日本茄子（Aubergine），用直火烤焦，然後將焦的皮去掉，茄子肉加鹽、檸檬、蒜末、橄欖油及優格拌好，這醬汁有煙燻的味道，配上煎的香嫩多汁的白肉魚，帶給魚有類似江浙菜煙燻黃魚的感覺，另外檸檬的酸也給魚有鮮甜的感覺。

做法：

、茄子、魚排

茄子泥

1. Aubergine 烤焦
2. 蕃茄、
3. 鹽、
4. 檸檬、
5. 優格

—青菜—

魚：白肉魚

9

開心果奶油玫瑰泡芙 Naan-e Khame-l

在伊拉克，核桃、開心果、玫瑰水與杏仁是當地甜點的主要食材，在某天一次偶然的機會吃到了法式奶油泡芙，想起了這幾種代表伊拉克的甜點元素，何嘗不能跟泡芙結合一起呢！

煮卡士達醬的同時，加入大量的玫瑰水慢慢熬煮，天然的玫瑰水香氣滿溢不刺鼻，卡士達醬裡濃郁的奶油與蛋香把玫瑰香味提升得更加溫暖，擠在小巧可愛的泡芙殼裡，撒上烤過切碎的綠色開心果與乾燥的玫瑰花瓣，美麗極了！

8

香料烤雞

雞翅先用香料泡一個晚上讓它入味，烤的時候先烤小洋蔥及馬鈴薯約 30 分鐘，後再將醃好的雞烤約 25 分鐘，馬鈴薯及洋蔥也會在烘烤的過程吸收肉汁及香料。

做法：

香料雞翅

雞翅：

香料：

- 鹽. pepper 檸檬c
- parprica.
- thyme
- 辣椒子

- 馬鈴薯.
- 櫛瓜!
- 番茄?

日本

Japan

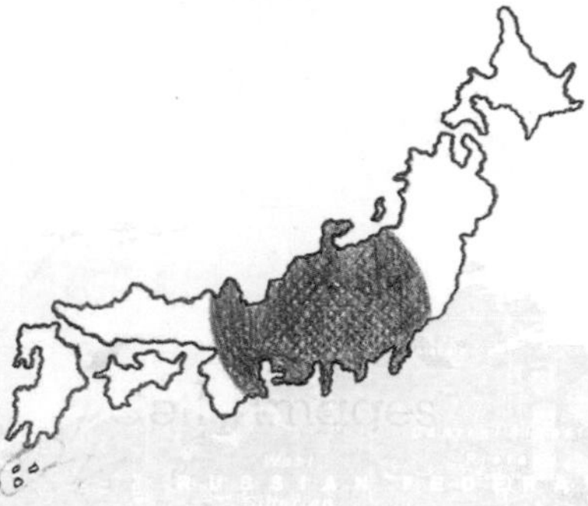

大和廚房，藏著人情與真滋味

大廚後來在外自行創業，也保留了相當多的傳統，也會送廚師們到日本短期進修。有一次廚師們到靜岡附近的小城研修，回來做了爆漿小蕃茄成為新菜，三層肉包覆甜美的烤肉醬爆發小蕃茄的酸甜，讓我回想起過去在靜岡和老師一起到居酒屋喝酒聊天的日子，和吃同樣的小菜的快樂時光。

一九九二年藤澤獎學金補助到日本靜岡學習，學習的地點在日本靜岡縣國立癲癇中心靜岡東病院，那時候的靜岡和台灣並沒有直飛的班機，由東京或是名古屋坐新幹線都是一個鐘頭，醫院在靜岡市的郊區，由市區搭巴士要二十分鐘。

在靜岡的樂事：喝杯茶、啖海鮮

靜岡有山有水，像富士山公園是在靜岡的境內，北邊的伊豆熱河是著名的溫泉區，南邊的濱松有濱名湖，是日本最大的淡水湖，也是最重要的日本鰻魚養殖地，像是台北有名的鰻魚店也取名濱松，大概與這有關，在濱松也有許多有名的鰻魚名店；東邊的山區種植了茶葉，使靜岡成為日本最大的茶生產地，就像阿里山除了茶也一樣種了山葵，在很多的日本料理店都會標名靜岡山癸。台灣近年來引進很多高級的蜜柑也大多源自靜岡，靠海的地方有許多漁港，像清水港就是最重要的漁港，很多的漁獲會送到東京的築地市場，甚至台灣很多漁貨也由此進口，當地有名的櫻花蝦和魩仔魚倒是和屏東的東港有點類似，新鮮的小魚是靜岡一大特色。

靜岡市發展得很早，在日本江戶時代德川家康的駿府城目前仍然保留，而靜岡久能山的東照宮更有德川家康在駿府（日前名靜岡市）種殖的梅樹移植於此，東照宮視野廣闊可以看到整個靜岡甚至伊豆半島，所以德川家康也遺言葬於此地。在台灣廣為知名的櫻桃小丸子的故鄉也在靜岡的清水市，不少人會來朝聖，離清水市不遠的久保山松園，則可以見到三萬株松、大海、富士山的美景；在駿府城美麗的花園裡喝一杯靜岡茶，或在清水港邊大啖海鮮都是來到靜岡的樂事。

跟著日本老師做學問，深入飲食文化

在靜岡帶我的老師有 Seino 先生，Yagi 先生和 Kudo 先生；Seino 老師是國立癲癇中心的院長，他在亞洲是癲癇界於二十世紀最重要的人物，除了在日本最重要的中心推動癲癇治療的進步，也在亞洲各國幫忙及合作，並且組織了亞洲的抗癲癇組織，訓練亞洲許多國家的醫生，而我也是其中的一位。

在東病院受訓的時刻，是我對癲癇這個疾病，從基礎到臨床學習與了解進步最大的時候。記得看臨床病人，跟隨 Seino 先生查房是一件很慎重的事情；當 Seino 先生進病房的時候，可以見到病人跪在床邊和 Seino 先生打招呼，並回答詢問，老師向病人及家屬解釋目前的狀況及可能要接受手術的方式，最後病人及家屬向老師鞠躬致意，老師走出病房。這個場景令我覺得非常的驚訝，因為這和台灣的醫療環境完全不同風格，大家都彬彬有禮，實在是很特別的醫病關係。

老師跟我說我必須了解癲癇治療的全貌，所以從癲癇的臨床病徵、腦波及影像學的檢查都要完整學習，還要到開刀房去跟刀，看特殊病例如何處理。比較常做的是切除顳葉病灶，它的成功率相當高，有七到八成頑固型的病患，開刀後可以沒有發作；至於額葉癲癇手術就較為困難，會做兩階段的開刀，因為要算準開刀的區域使後遺症減到最少，先開第一次埋腦內電極，埋好後解除麻醉，等待病人發作，精準算發作點。另外也透過這些電極，經過電刺激看看病灶附近是管理何種功能，若切除會影響到何種功能，也要追蹤病人開刀以後的狀況，以及病人長期的預後。

Yagi老師是屬於小兒科，所以老師帶我去看很多小兒癲癇的病人。這些病人必須在醫院長期用腦波儀檢測他們發作的樣子，及發作可能在腦部的區域，所以必須住院三到六個月。小朋友在經過精密的檢測之後，會接受手術而降低或完全治癒癲癇；醫院有社工，也有老師，小朋友在沒有接受檢查的時候可以正常的上課。這種對於小朋友的從醫療甚至到學校的完全照顧，是我在台灣的醫療環境下，沒有辦法想像的事情。

Kudo老師則是帶我做貓的動物實驗，用連線電刺激貓成為癲癇的貓，這種方式在英文稱之Kindling，中文稱為點火；就是腦部每天經過一個微小的刺激，數十天後，腦部改變了，接受同樣的小刺激，腦部會突然大放電，變成一隻具有癲癇的貓。之後，再研究牠的機轉及不同的治

療藥物，看是否能在機轉及治療上有新的突破。當時我們做實驗做到相當的晚，做完實驗後，老師和我一起走回宿舍，還會指著三樓的窗戶說「院長還沒回家呢」！日本人做學問的奮鬥精神令人十分敬佩。

話說，老師也有輕鬆的一面，等我們做完實驗，也會帶我到市區的居酒屋吃飯。吃飯的方式非常特殊，老師對店家都很熟，進到一家店點了一道菜、一杯啤酒就結帳了，再到下一家吃另一道菜。老師說各家有各家的專長，我們就吃他最擅長的一道菜，和老闆聊聊天；這倒是很有意思的吃飯方式，然後呢，一直吃到快十二點，才到一家小酒吧喝一杯調酒或威士忌聊聊天，做最後的結尾。

從人生哲學，到水果味咖哩，蕎麥麵，壽司

Kudo 老師時常會跟我分享他的哲學，其中令我印象深刻的是有一次他請我外出吃飯，他告訴我因為我是他的學生又是外國人，將來一定會離開醫院回國服務，所以他可以跟我很親近，常常一起吃飯一起聊天，分享很多事情；但是日本的文化不同，他的同事可能會是終身的同事，他們之間的相處方式要稍微維持一點距離，這樣終身的相處才能長久，這種形式上的禮貌倒是很特殊的考量。

我在日本受訓的時候，Kudo 老師雖然年紀比我大，但是他還是單身，宿舍就在我的對門，有一次他帶我參觀他的宿舍，把他的儲藏櫃打開，我看到滿滿的咖哩方便包，他說一個人只要煮點飯，開一包咖哩雞包，就是完美的晚餐了。後來到日本的大街小巷，發現很多賣咖哩飯的地方，才知道日本人是個喜歡吃咖哩的國家，舉凡咖哩雞、咖哩豬排、咖哩牛肉或是咖哩火鍋都很流行。

日本咖哩和泰國、印尼、印度的風味都不同，主要不一樣的是，它在炒咖哩的過程中除了一般的炒

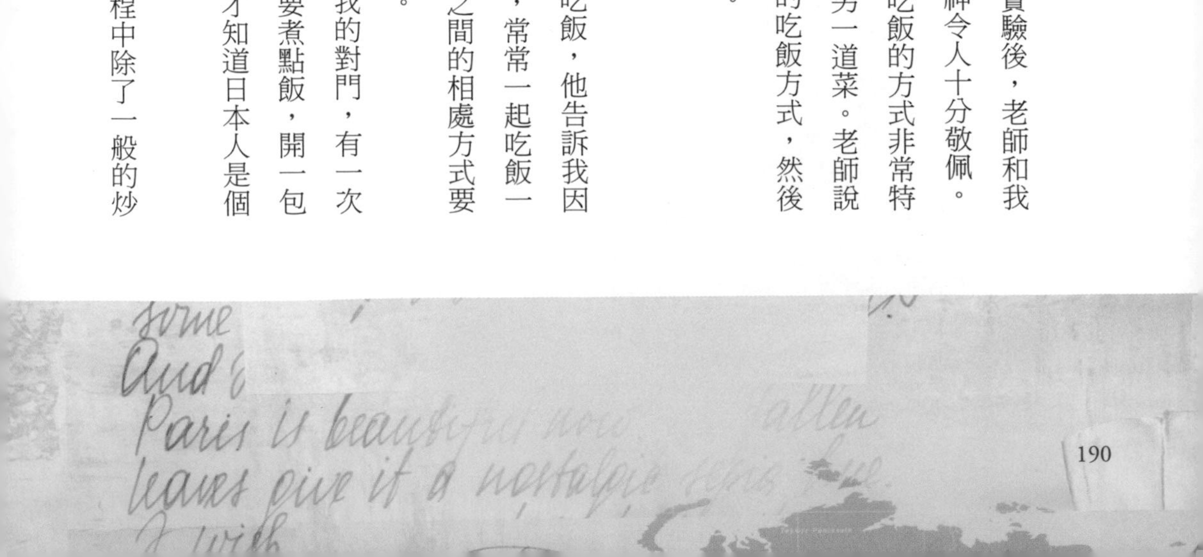

洋蔥、蒜頭及薑、續加香料的過程，他們還多加了一道炒蘋果的手續，所以日本人做出來的咖哩通常有一股水果的甜味。

後來看了深夜食堂第二集的電影，其中一段「咖哩飯」描述到災區服務的志工，到災區煮咖哩飯，究竟是幫助還是消費了災民？一個是受到長官情傷的女孩，志願到災區，要忘情過去；災民則是受到海嘯沖走愛妻之痛，藉由咖哩飯培養出感情，志工成為災民生活中不可或缺的一部分後，志工還能說走就走嗎？志工與災民之間的距離，又該如何拿捏？咖哩飯是這個小故事的靈魂。

但這電影表現的方式很像 Kudo 老師告訴我的他的哲學——日本人有種種禮儀，就像將他人隔拒在外的高牆，不厭煩別人、也不希望別人造成自己的困擾。像 kudo 老師與他同事的相處，如果靠得太近，可能被嫌為過於熱情而惱人，甚至無法長期相處。電影最後，小餐廳老闆對於女孩說「放下吧」！或許就是放下這距離的高牆，人與人之間方可走向下一步。

除了咖哩飯之外，Kudo 老師也愛吃蕎麥麵，他認為蕎麥單純的麵香配上清淡的醬油蔥花，有它單純的美，這是品嚐食物

原始味道的最佳選擇。蕎麥麵麵體一般不會用到百分之百的蕎麥，如果是百分之百純度，便稱之為十割，十割的蕎麥麵比較容易斷，不好做；但是在除夕夜，日本人會吃十割蕎麥麵象徵去年不好的事物都斷了，明天有美好的新年。

另外，還有一位 Morikawa 老師，是主要接待外國學生的負責人，他英文不錯，加上我的日文結巴，我們可以完全用英文溝通。日本語文因為外來語很多，許多英文字是日語發音，和真正的英文相近，又與英文唸法稍不同，所以他們在英文表達上有點困擾。

Morikawa 老師愛喝酒，比較開心，和一般日本人拘謹對外人的感覺不同，他邀我去他家做客，一起洗米煮飯，在大的木盆中扮飯加醋，做壽司，學習了做壽司的學問。日本米本來就好吃，但各地出產的米還是有不同，洗米的學問很大，要洗到完全清澈，真的是用了不少水；但洗米水也有用途，不要浪費，煮飯水米的比例更是斤斤計較，如何煮得一鍋好米，每個步驟都要正確。然後是放醋的比例，良好的醋飯有均衡的酸甜，配上魚肉在有酸有甜的口感下更帶出魚的鮮度，的確要很認真看待。看著老師拿一片烤好的海苔片加了醋飯、生魚、蔥花，喝一口啤酒，真是享受；另外，簡單的加茶高湯，生魚泡飯，也是很容易的家庭料理。

秋刀魚的滋味

在日本，了解到他們各行各業認真的態度；例如有一次，醫院門前柏油路需要重新鋪設，一段一百公尺的路先挖再舖，經過五天才完工，中間不斷的把路基做加強，完工前施工人員排一排從路邊往前走，看路邊是否有小碎石做最後的確認，做到非常的完美。回到台灣，看一般的道路工程早上挖晚上就鋪好了，難怪一下雨就坑坑洞洞，我們整體發展要向他們學習的地方還很多。

由於住在醫院的宿舍，每天早餐會到醫院的食堂用饍，因為只有我一個外國人，所以食堂的阿嫂會特別的關照我，語言不能很通暢，大家溝通就比手畫腳，教我如何的吃日本食物。比較特別的是他們早餐就會準備納豆，黏黏稠稠的有發酵的味道，是在臺灣不常見的早餐配菜；阿嫂拿了蔥、生雞蛋、芥末、醬油淋在納豆上讓我品味，然後澆到飯上一起吃，剛開始的時候並沒有特別喜歡，甚至有點害怕，但是每日吃變成習慣後，回到台灣反而非常懷念這個味道。

Seino 先生有一次帶我到一間餐廳吃飯，是個非常道地的和食料理，後來老闆很神祕的拿出一小罐東西加在白飯上，老闆說這個是台灣來的豆腐乳，吃了以後真是驚為天人，配這日本白飯，實在是好吃！回想一些小時的生活，我們也是加一點豆腐乳在白飯上當早餐，那個單純的米飯香和豆腐乳的豆味，甜美的味道令人感動。另外，也吃靜岡海域產的一種特殊的小魚，類似我們的生魩仔魚，但是他們都是吃新鮮的加上蝦荑蔥及哇沙米（Wasabe），回到台灣就比較少有機會品嚐了；回台灣有一次拿到台東金崙溪口的禿頭鯊（日本瓢鰭蝦虎魚）的小魚，新鮮的，小魚配上蝦夷蔥、蘿蔔泥和芥末，真是懷念

的新鮮小魚口感。

Yagi 老師也有一次帶我到一間居酒屋吃小吃，有好幾道料理都非常的好吃，秋刀魚有股特殊的魚肚味道，不是每個人都喜歡，日本居酒屋老闆將秋刀魚切塊，裹薄粉炸得酥酥的配上蘿蔔泥和醬汁，酥脆到魚刺化了而且中和了蘿蔔泥和醬汁，顛覆了秋刀魚的味道。小蕃茄料理也是驚人的好吃，三層肉裹住小蕃茄塗醬汁烤香，蕃茄的微酸配上烤後三層肉的油香以及醬汁的甜味，和上香草，爆在口中，有意外的驚喜。

小店的洋蔥雞湯更令人驚訝，燉煮的雞湯加上小洋蔥熬煮，上桌後小洋蔥有其形，但一夾整個化掉，配上第戎芥末醬，有著神奇的味道；雞湯配上洋蔥熬煮的甜，湯頭甜美的爆錶，回台灣後懷著這些好吃的記憶下廚煮來吃，也是對於老師們的一種懷念。

秋刀魚在台灣是非常平民化且普遍的魚，我們一般只是在中秋節烤肉拿來烤，或者用煎的來食用，並沒有特別把它充分發揮，後來在日本大廚的表演下，才知道這個簡單的魚能有非常多種的吃法。秋刀魚可以用有馬煮的方式燉煮，有馬是日本兵庫縣有馬區，其盛產山椒，以山椒、糖、醬油和味醂將魚熬成口味較重的料理，稱為有馬煮。做法是將秋刀魚骨熬到酥軟，整條魚可全部吃光；若新鮮的話，可以做成生魚片，秋天的秋刀魚有肥美的口感，在嘴裡口齒留香。另外，也可以像鰻魚一樣用蒲燒的方式，用醬油、糖、酒、味醂做醬慢烤；或者取魚肉去骨做成魚餅，以唐楊（也就是炸物的方式）處理。魚肉取下來也可以花壽司的方式放入壽司中當主角，甚至像義大利菜的做法，將魚肉片下捲肉及菜，作為秋刀捲，是道賞心悅目又好吃的料理。

非關美食，也是觀點

曾經和 Yagi 老師談到二戰期間，日軍不止侵占中國，甚至南到菲律賓、中南半島，包括越南，一直到泰國、新加坡、馬來西亞都占領，幾乎成為整個亞洲的殖民國家。當然戰爭有許多的殘酷與不人道，但 Yagi 老師倒是講了一個很奇特的論述，他說，你看這些西方人從歐洲侵入北美、南美，北美成為英文世界、南美洲成為西班牙文世界，當時或許因為日本的強大，使得亞洲沒有變成白種人的世界；戰後，法國與英國也從中南半島和印度退出，以歷史來看，或許日本在那個時候也是一個平衡西方的力量。雖然我們會覺得這論述很奇怪，不過這也是世界強權欺壓的一個現象，他的論點只表示東方還好沒有像印地安人一樣不被西方滅絕的論述，並沒有消除日本侵略其他國家的事實，事實上，歷史看來都是強併弱的事實。

二〇一六年時，老師邀請我回母院演講，我講了一些離開二十年來做的一些小小的貢獻。Seino 老師和 Kudo 老師都已經過世，Yagi 老師也已退休，他們邀請了許多當年有去過日本受訓並回國有成的學

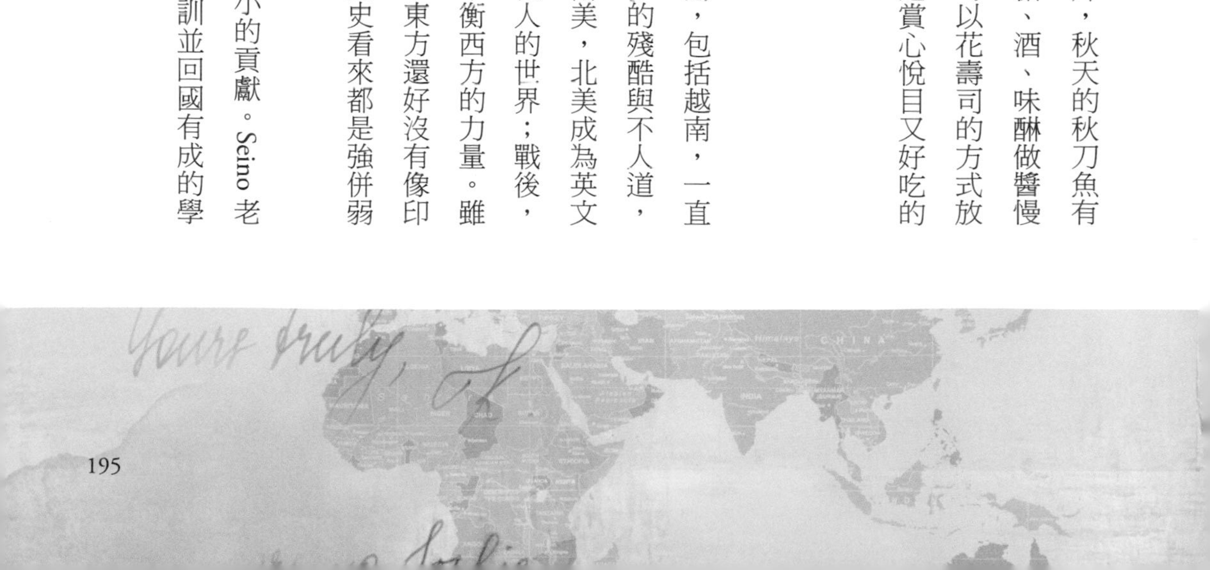

者演講。我了解到這裡曾經是亞洲許多癲癇學者受訓的搖籃，老師們熱心認真的教導也對亞洲有相當大的幫助。離開二十年了，發現這裡也有相當程度的不同，包括觀測腦波完全的數位化，他們對於病人腦波紀錄的儲存與總整理、歸檔，那種細膩的管理真的值得我們學習，甚至也具備了最新的各式儀器。一樣是走在時代尖端，演講完老師們請我們吃飯，我觀察到一個相當有趣的現象，我的大師兄 Kubota 醫生目前是醫療部長，吃完飯了先去結帳，然後拿著一頂帽子翻過來，向各位同事們收取均攤的費用；而我們這些客人則不用付費。老師告訴我，在日本他們很謹慎處理吃飯的費用，即使辦這麼重要的紀念會，也會謹守不向廠商募款的任何事情，這也是他們進步的一個指標。

他山之石，台灣如何與世界接軌？

師兄 Kubota 不只在日本國立癲癇中心當醫療部長，他也是日本癲癇病友會主要的負責人物之一，對於許多公眾事物和病人的權益非常的熱心幫忙；他也曾經歷日本對於癲癇患者是否能開車的法律變革。癲癇患者當然在治療不穩定時是不能夠駕駛的，但是有一半以上的患者在治療後已經不再發作或是痊癒了，完全禁止開車，在病人的交通及工作上也是相當大的影響，如何能做最好的評估，在台灣，還是有要向外國學習的地方。我們也曾就這個問題請 Kubota 師兄來台灣，並與交通部的官員一起辦研討會，Kubota 師兄談到，日本的第一次道路交通法案是在一九一九年制定的；最初的規定為患有精神障礙、聽力障礙與視覺障礙情形者皆『無資格』考取駕照。在日本的法律上，「癲癇」是被分類在精神疾病內，癲癇自然被列為無資格考照之列。

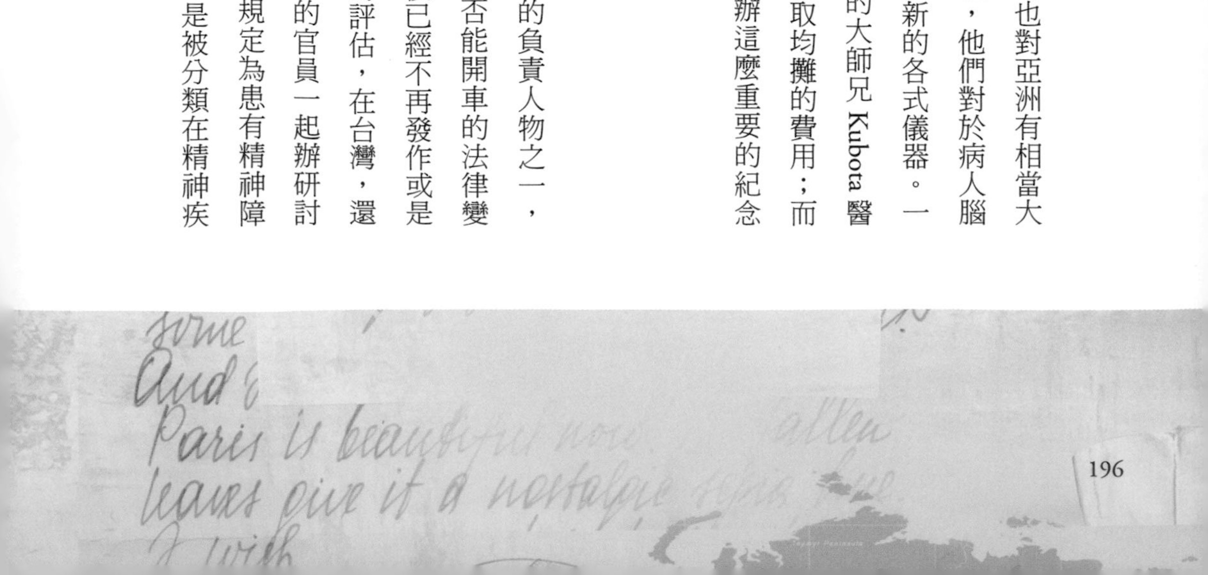

於在一九五六年，日本另立法規特別禁止癲癇患者開車。一九六〇年，日本再次修改道路交通法案，新法案中明確規定癲癇患者絕對禁止開車。日本癲癇協會於一九七六年創會，該會致力於「撤銷絕對無資格條款」。一九九二年，日本癲癇醫學會發表了一份前瞻性的「癲癇與駕駛」調查報告，草擬關於癲癇與駕駛執照法令制定的準則，同時呈送日本警察廳一份建議書修改道路交通法案。其中包括：（一）癲癇患者如滿二年未發作，應該被允許擁有駕照。（二）癲癇患者在治療下，不可以擁有重型運輸工具或是職業駕駛執照。

在一九九三年，日本癲癇協會經過遊說與國際學會及協會的大力支持，帶來相當大的成果，癲癇患者如果有足夠長時間的不發作，那麼在社會上他就不再算是個「病人」。到了二〇〇二年則有突破性的發展，日本法律修改能夠和西方世界接軌，在服用藥物治療兩年沒有發作的患者能夠取得駕照。我們台灣是明文禁止癲癇病患開車，但是新聞上仍然有癲癇病患開車發作的新聞，表示我們法律、交通、醫療和交通的便利性有衝突，如何讓病患自己了解不要在尚未治療好就冒險，另一方

面在治療好又能夠有方便的權利，是該努力與思考的方向。

以料理會友，大廚的創作帶來意外驚喜

回到臺灣當然也很懷念在研修時的一些料理，而日本料理是一項相當細緻且師徒相承密切的行業；在家還可做一些小料理，但正式的，還是得到日本料理店享用。快二十年前，我要離開原來的服務單位時，一位病患說謝謝我這麼多年的照顧，可否光臨他的小店；離開服務單位前我去拜訪了他的小店，發現是一家超過三十年的日本料理，之前是他的日籍夫人掌店，後來傳給好幾代的大廚，也都會送大廚到日本研修，老先生已經退居幕後，由大廚及會計為主要的經營人。

我從老先生的介紹認識了大廚，也就喜歡坐在吧台和大廚聊一下料理，慢慢了解了更多魚的知識，他也教了我一些簡單的家庭料理，像是三文魚炒飯、納豆蕎麥麵、馬鈴薯燉肉等。我也帶一些小料理讓大廚發揮，譬如在每年四到五月是紅肉李在桃源鄉熟成的季節，酸甜的紅肉李做成的果醬，配上白肉魚的握壽司，顏色上紅白相間，味道上白肉魚配合上酸性度的果醬，可讓魚肉更鮮美；同樣在五月盛產的的芒果做的芒果果漿，也可以運用在壽司之上。

大廚對義大利和地中海料理也充滿了興趣；我們在大廚休息的時候，一起去品嚐義大利餐廳的料理及醬汁，然後回到餐廳用日本料理的食材運用這些醬汁，創意

一些新的菜色。大廚後來在外自行創業，也保留了相當多的傳統，也會送廚師們到日本短期進修。有一次廚師們到靜岡附近的小城研修，回來做了爆漿小蕃茄成為新菜，三層肉包覆甜美的烤肉醬爆發小蕃茄的酸甜，讓我回想起過去在靜岡和老師一起到居酒屋喝酒聊天的日子，和吃同樣的小菜的快樂時光。

日本的過年是國曆的元月一日，它與我們的農曆過年一樣重要，家庭都會準備年菜，做年菜便當；菜的選擇和我們一樣，有祈福及好兆頭的意義，通常有昆布捲。昆布是代表歡樂時光的意義，昆布可以捲雞肉、豬肉或小魚（日本鯷魚），然後用干瓢或韭菜綁起來，浸在醬汁裡當作涼前菜；小魚也可以用醬油、味醂、酒和糖的醬汁炒好，灑上白芝麻代表農作的豐收栗子煮。栗子飯，以栗子的金黃代表財富，有好的生意兆頭；煮黑豆代表著勤奮努力的工作。

年菜的準備和製作都相當費工夫與時間，大概幾天前就要先做，充滿日本家庭主婦和家人們一同完成節慶的歡樂氣氛。本書食譜裡的昆布捲日本鯷魚，是一位好朋友的父親從日治時代傳下來的做法，昆布不能洗太乾淨，他說上面那層黏黏的是昆布的精華；另外，昆布要吃起來保有昆布原有的味道，則不適合煮太久，昆布有其厚實的海味才好吃。做法是，先以清酒、柴魚醬油、味醂和糖一起煮，調好醬汁，將昆布泡約五分鍾，剪好，再用韭菜包小魚放入煮好的醬汁蒸約十分鐘，放入冰箱冷藏兩天，吃以前灑些現刨的柴魚，用火槍炙烤一下，香味四溢。

紅肉李果醬

材料：蘋果、紅肉李、冰糖、檸檬

做法：❶蘋果先去皮，切成小塊，紅肉李洗好去皮去子，切成小塊。❷蘋果先下鍋加檸檬以小火先炒 30 分鐘變軟，接下來下紅肉李續炒 30 分鐘。❸調味上可以加入適量的冰糖及檸檬，來調整喜歡的酸甜度。❹趁熱放入已經用熱水燙過烤乾的瓶子，裝滿封蓋倒立，第二天翻過來就可真空。

秋刀魚

材料：秋刀魚、麵粉、麵包粉、蛋、蘿蔔、蝦夷蔥、醬油、米醂、魚骨高湯、薑

做法：❶秋刀魚洗好擦乾，先沾薄麵粉，放入打好的蛋沾一下，接著沾薄層麵包粉。❷油鍋中放油加熱到攝氏 170 度，炸到金黃；若不用油鍋也可以以煎炸的方式，將秋刀魚煎成金黃色。❸將蘿蔔磨成泥。❹以魚骨高湯加醬油、米醂做成醬汁，加入薑，放入炸好的魚燉煮 20 分鐘。❺以深盤放入處理好的秋刀魚，淋入醬汁，加上蘿蔔泥及蝦夷蔥裝飾。

小洋蔥雞湯

材料：雞骨架 5 幅，洋蔥、蘿蔔、芹菜、雞腿肉，小洋蔥 6~8 顆（小洋蔥在台灣不容易買到，通常在三月墾丁洋蔥大出時，可以買到迷你洋蔥）

做法：❶高湯：將全部雞骨架 、洋蔥、紅蘿蔔、芹菜加水，先煮 2 小時。❷小洋蔥：6~8 顆加入高湯，再用小火煮 1 小時。❸雞腿肉切成塊狀適當大小，最後加入煮約 30 分鐘，加少許米酒。❹最後加鹽。❺上桌時加綠色香菜作裝飾，小洋蔥上加第戎芥末醬。

義式秋刀魚捲

材料：秋刀魚、Mozzarella 起司、紅椒

做法：❶將秋刀去頭，魚片下兩邊的肉片，將刺拔乾淨，醃鹽。❷將紅椒用火烤去皮，切成魚片大小。❸起司切成適合的大小。❹用魚片捲紅椒，起司用牙籤固定。❺置入烤箱烤到魚好的程度，擺盤好後灑義芹橄欖油與巴沙米可醋。

納豆飯（早餐）

材料：納豆、蝦夷蔥、山葵、雞蛋、海苔

做法：納豆伴入蝦夷蔥、山葵、雞蛋，加一點醬油淋在白飯上，灑一點海苔作裝飾。

納豆蕎麥麵

材料：蕎麥麵、蝦夷蔥、納豆

做法：❶蕎麥麵先煮好，泡在冰水。❷拌好蝦夷蔥和納豆。❸醬料：柴魚醬油、高湯、米醂。❹蕎麥麵放入容器，將拌好的納豆加上，最後澆上醬料，灑炒過的芝麻。

三文魚炒飯

材料：三文魚

做法：❶三文魚用鹽醃數天。❷醃好的三文魚用烤箱烤熟，切割成碎塊。❸用隔夜飯，油鍋先炒碎蒜粒，加入碎洋蔥略炒，加入飯再拌入三文魚碎。

爆漿小蕃茄

材料：小蕃茄、三層肉薄片

做法：❶烤肉醬汁：米醂、醬油、檸檬、糖、雞高湯混合後，小火煮到稍濃稠。❷用三層肉薄片將小蕃茄包裹，用竹籤串起，放在烤火上慢烤，塗上烤肉醬汁至少三次。❸烤好後裝盤灑上奧勒崗葉，以及點上第戎芥末醬。

新年料理栗子釜飯

材料：紅蘿蔔、冬筍、雞肉、香菇、栗子、荷蘭豆、鹽、花椰菜

做法：❶製作雞高湯，泡發香菇。❷紅蘿蔔、冬筍、雞肉及香菇切丁，數顆栗子壓碎。❸栗子放烤箱攝式 190 度烤 30 分鐘。❹香菇丁先炒香，加入其他食材拌炒到半熟，適量加鹽。❺加入米及雞高湯，在鍋中讓其滾，轉小火，約煮 25 分鐘。❻加上烤好的栗子及花椰菜裝飾。

新年料理昆布日本鯷魚捲

材料：乾昆布、日本鯷魚、韭菜、乾柴魚

醬汁：柴魚醬油、糖、米醂、清酒

做法：❶乾昆布用水泡好約 5 分鐘，剪好昆布，包日本鯷魚，再用韭菜綁、捲好。❷醬汁：用醬油、米醂，及清酒為 2、糖為 1 的比例煮沸。❸包好的昆布小魚放入醬汁蒸約 10 分鐘，然後放冰箱冷藏兩天。❹上桌以前昆布小魚灑些醬汁，再用火槍炙烤一下。

311 核災深夜食堂好吃的咖哩飯

材料：（牛骨高湯）牛骨、洋蔥、芹菜、紅蘿蔔、蘋果。牛腩、紅蘿蔔、馬鈴薯、優格、洋蔥、蒜頭、薑。（香料）Garam Masala、丁香、八角、茴香子、胡荽子、辣椒

做法：❶牛骨高湯：牛骨先在烤箱攝氏 190 度烤約 20 分鐘，加入切塊的洋蔥、芹菜、紅蘿蔔、蘋果一起熬 。❷牛腩不用切塊，先在流水中泡 1 小時。再放入薑、少許水蓋過牛腩，煮 1.5 小時。❸炒咖哩：先將洋蔥切小片，蒜、薑切小粒，洋蔥放入油鍋中，中火炒到變金黃轉焦，加入蒜頭、薑末，小火續炒約 10 分鐘，加入 Garam Masala 炒香，加入優格炒成咖哩糊。❹將燉好的牛腩切塊、高湯中的紅蘿蔔塊、一點馬鈴薯塊、咖哩糊放一起，加牛高湯燉約 30 分鐘。❺最後起油鍋，將丁香、八角、茴香子、胡荽子、辣椒，以小火炒約 10 分鐘，加入鍋中拌勻約 5 分鐘，放冰箱冷藏一兩天。❻上桌前熱好咖哩，可炒些豆子拌入，綠色可以增色，再加到飯上。

沖繩炒苦瓜

日本的食物在台灣非常的普遍，近年來訪日旅遊也是許多國人的第一目標。事實上日本的食物除了原味、多樣化、藝術及技巧上乘外，也相當健康，所以日本食物與長壽也在醫學上常被拿作研究的題材。沖繩是日本人相當長壽的一個地區，有一次去居酒屋，老師有跟我聊這個問題；在那兒吃了沖繩炒苦瓜，溫柔的苦味和豆腐及肉片吸滿了醬汁及柴魚的香，真是太好吃了，回台灣也依樣畫葫蘆做了這道小菜。

材料：昆布、柴魚、綠苦瓜、豆腐、肉片、蛋、蔥花、紅辣椒。（調味料）昆布醬油、米酬、七味粉

做法：❶苦瓜切半去仔後切小段，放入熱鹽水中先川燙過，去苦味，並放入昆布柴魚高湯中浸。❷豆腐先切塊沾粉煎四面金黃後取出，肉片稍過油炒過取出，最後空鍋下熱油加打好的蛋，待蛋成金黃，快好時加入苦瓜、豆腐、肉片、紅辣椒，再加入調味料。❸起鍋再灑昆布。

蚵炊飯

日本料理在正式的餐例，如懷石料理或會席料理，在做法上是要表現「五色、五味、五法、五感」；將黑、白、黃、紅、綠等各種顏色的食材，運用生、煮、烤、炸、蒸的五種方法調理，做出酸、甜、苦、鹹、辣五種口味的料理，讓品嚐的人能感受到視覺上的賞心悅目。他們運用各種精美的盤子和裝飾、嗅覺上的香味、味覺上的美味、料理冷熱的觸覺，以及聽到料理聲音的五種感覺。

一般出菜的內容有：1. 吸い物（碗物）2. 向付（生魚片）3. 煮物（合炊）4. き物（燒物）5. 預け鉢（珍味）6. 吸い物（碗物）7. 八寸（小菜）8. 揚げ物（炸物）9. 香の物（醃漬物）10. ご飯 11. 菓子（甜點）。 在最後的飯可以是白飯配醃漬菜，也可以是壽司或飯細捲，也可以是土鍋炊飯；這結尾的飯，我在日本吃過金目鯛炊飯，精緻的鍋，紅色的魚和白色的米飯，吃起來飯中含滿魚的湯汁，軟硬適中配上魚肉，實在美味。

回台灣用東石的蚵仔用類似的概念做了蚵炊飯，也能重溫那種美味的感覺。

材料：昆布、柴魚、生蚵

做法：❶高湯以昆布及柴魚為底煮好，將洗好的生蚵放在高湯中燙半熟取出。❷將米洗好並先浸泡 30 分鐘，以高湯：米 ＝ 1.1：1 的比例放入土鍋，加熱到滾，轉小火，煮約 20 分鐘即可，在最後 5 分鐘鋪入蚵及醃菜。

美國

America

從台灣到德州、紐奧良，多元文化好滋味

我們的分部台灣學生不多，因為我喜歡自己下廚，過年過節就會邀請這些留學生們到我住的地方一起享用懷念的台灣料理，我住的地方也就成為有學生打牙祭的聚會所；有位同學說他很想吃懷念的韭菜盒子，我就做了韭菜盒給大家分享。

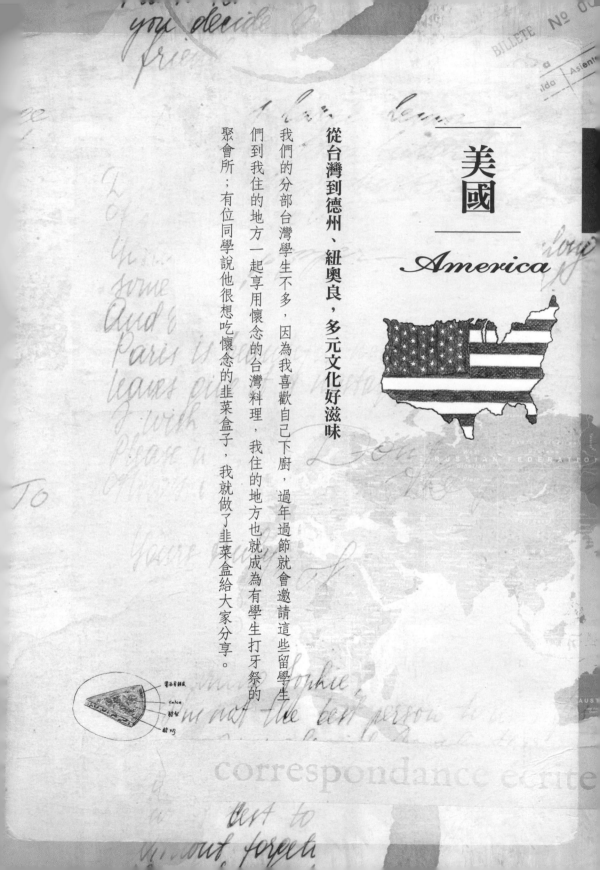

一九九三年到美國做博士研究，到德州大學加爾維斯敦（Galveston）分校，那是休士頓旁一個很美麗的小島，我到它的神經醫學研究中心，那裡有美國相當出名的細胞離子通道研究大師，在那邊，我學習到許多細胞的離子通道概念，及應用到癲癇之研究，對於了解癲癇基本機轉有相當大的幫助。

美國人的守法精神，令人驚訝！

在美國唸書的時候有幾件事情，有特別深刻的印象。第一個是，英文的Stop Sign，在紅綠燈口都會有這個交通訊號，開車的人看到這個訊號，都會主動停車；左看右看，確認沒有車的時候，才會開動，即使是在深夜，路上完全沒有車輛，駕駛也是一樣會停下來。我很驚訝美國人守法的精神，即使在沒有人的時候，也一樣的守法。美國人做事的態度也是一板一眼——這在做研究的時候，也可以顯現出來；我們的實驗室有一位美國小姐，她每做一個實驗步驟都實事求是，好像就是這種守法教育的縮影。

剛到美國的時候，還不知道發生事故時該怎麼處理。我的汽車倒車啟動時，碰到後面車子的保險桿，下車查看了一下，發現並不嚴重，所以沒有留下字條給停在後面的車子，就開車走了，晚上突然有警察來敲門，說我撞車逃逸。從這件事看來，美國人對他堅持的事，也是相當的執著，只要認為這種行為是不對的，就會反映給警方；這種有正義感、管閒事的行為，一點也不輸給雞婆的台灣人。這件事重新想來，不管在國內或是國外，任何事件如果有可能損及別人的權益，當時若沒有任何人在場，一定要先照相作證據，並且留下連絡資訊，這樣就不至於有爭議。美國人對於所謂的路權與禮讓，也是有非常好的生活習慣，例如在一個沒有紅綠燈的十字路口，大家停了ト來後，一定是先到的先行，接著第二、

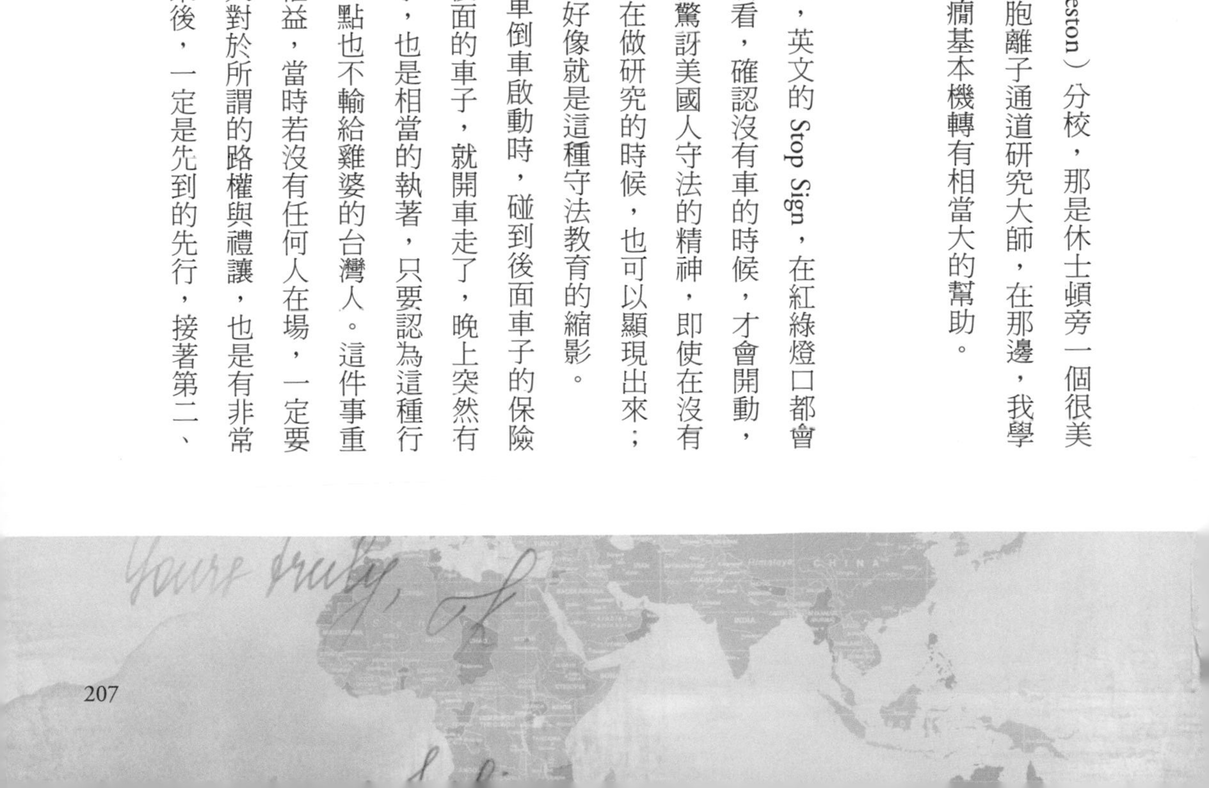

第三……很有順序，不會霸著車道擋了別人。在絕對路權上，直行車先行，若在十字路口要左轉，即使直行車還很遠，左轉車輛會等到直行車先過去，才行左轉，這些是在擁擠的台灣道路上，很值得學習的紀律。

話說美國人守法，但也是有許多不可思議的事，像我在做研究的德州大學醫院的急診室就發生過一個事件。美國人民的酒精中毒是個嚴重的問題，遊民問題也是；一個有酒癮的遊民經常大鬧急診室，某次又喝醉倒在路邊被救護車送來，處理完後，醫療人員靜悄悄的把這位遊民抬去公園睡，不巧被人發現，結果這間大學醫院就上報了，被批評得很慘！

雖然美國已經立國幾百年，南北戰爭也已是十八世紀的事，但人種的歧視仍然相當的明顯，德州有白人、黑人、西班牙裔各約三分之一，但白人還是以住在郊區所謂的好區為主，市區裡絕大部分是黑人居住。我住的地方離休士頓很近，市區的晚上在下班後空盪盪的，白人幾乎走光了；開車到市區，所有的地方都是黑人，雖然我們也是

有色人種，但整個看起來還是有一股不安全感。在教育及職業上，白人也相對比較有優勢，每年元月有馬丁路德節紀念為黑人爭取權益的英雄，但是也有許多次警察射殺黑人的行動，引起了社會暴動，就知道兩個人種之間仍存有許多歧見！美國的新移民，像亞洲人，也同樣帶來另一種衝擊；在越戰後，美國收留了一大批越南難民，有一些分配到德州，在我住的小島上就有相當多的漁民。美國漁民之間有一定的捕魚規則，來了新的越南人，不分上班或週日，每日補魚，這每天捕魚的行為把美國漁民惹火了，還在我們的小島上造成火拚事件，這也是不同的生活態度融合時的火花！

美國文化和生活

在美國，另外一項對於他們文化的了解就是對小孩的教育。美國人相當注重獨力與自主，當孩子長大的時候，小朋友若要住在家裡，他會跟父母說，我繼續住家裡的時候，要付多少房租，所以他們從很小就開始訓練獨立自主。我們也一向以為華人比較有家庭的觀念，到了美國，發現他們的家庭教育和家庭凝聚力，一點都不輸給我們；有一次我到老師的家中吃飯，更發現小孩除了餐前禱告，餐桌禮儀非常的好，完全不是我們認為美國人非常吵鬧的形象。

二〇一六年臺灣在颱風的季節，市民為了放半天假摃上市長，主要是颱風難以預測，預期風力下午才會增強，沒想到中午接小孩的時候，風已起，造成人仰馬翻。回想到當初在美國的時候，加爾維斯敦曾經在一九〇〇年受到颶風的摧殘，幾乎全島成為廢墟，之後在墨西哥灣只要有颶風接近，州長會下令全島撤離，這樣一整個過程在前後至少有三天的抗風時間。從這件事情看來，美國對於風險管理是比較謹慎的，對於颶風的預測和我們一樣，有許多不可預測的因素，但是以人民的生活作為第一考量。即使是事前有準備，但是天然的力量並非人可以預測；這可從二〇〇五年紐奧良受到卡崔娜颶風（Katrina）的影響，整個紐奧良泡在水裡，造成巨大的損失來看。

自己下廚，用台灣料理兜起聚會所

一九九三年是大陸天安門事件過後三年，因為天安門事件的關係，有許多大陸的學者都因此事件而留在美國，除此之外，大陸在美國的留學生非常的多，我所在的德州大學分部，台灣學生不超過十位，但大陸學生將近五十位，在其他大學也是有相同的狀況，大陸學生都幾乎是台灣的十倍，從學生分布的狀況，那個時候就覺得大陸這麼多的人才在美國，只要將來回大陸，大陸一定會發展的相當的快。

我們的德州大學分部裡，台灣學生不多，因為我喜歡自己下廚，過年過節，就會邀請這些留學生們來聚會，一起享用懷念的台灣家鄉料理，我住的地方也就成為有學生打牙祭的聚會所。有位同學說他很想吃懷念的韭菜盒子，我就做了如圖的韭菜盒給大家分享；因為地緣的關係，也開始學習一些美國當地的料理。我做研究的地方在美國德州，屬於美國中南部，與墨西哥交界，因為鄰近墨西哥的關係，有許多的墨西哥人，也有許多墨西哥餐廳，街上常見的招牌就是 Taco Bell，或是標示 Taco、Tortilla 的餐廳；Taco（墨西哥夾餅）是玉米做的麵皮，而 Tortilla（墨西哥玉米餅）則是麵粉做的麵皮，用麵皮包上的蔬菜、漿料及肉類（如雞或是牛肉），就是 Taco 或 Burrito（墨西哥捲餅），也是最簡單的速食。

德州有三十三個台灣大，人口卻很少，有廣大的地方是農場，養了許多牛，也有很多牛仔，他們的

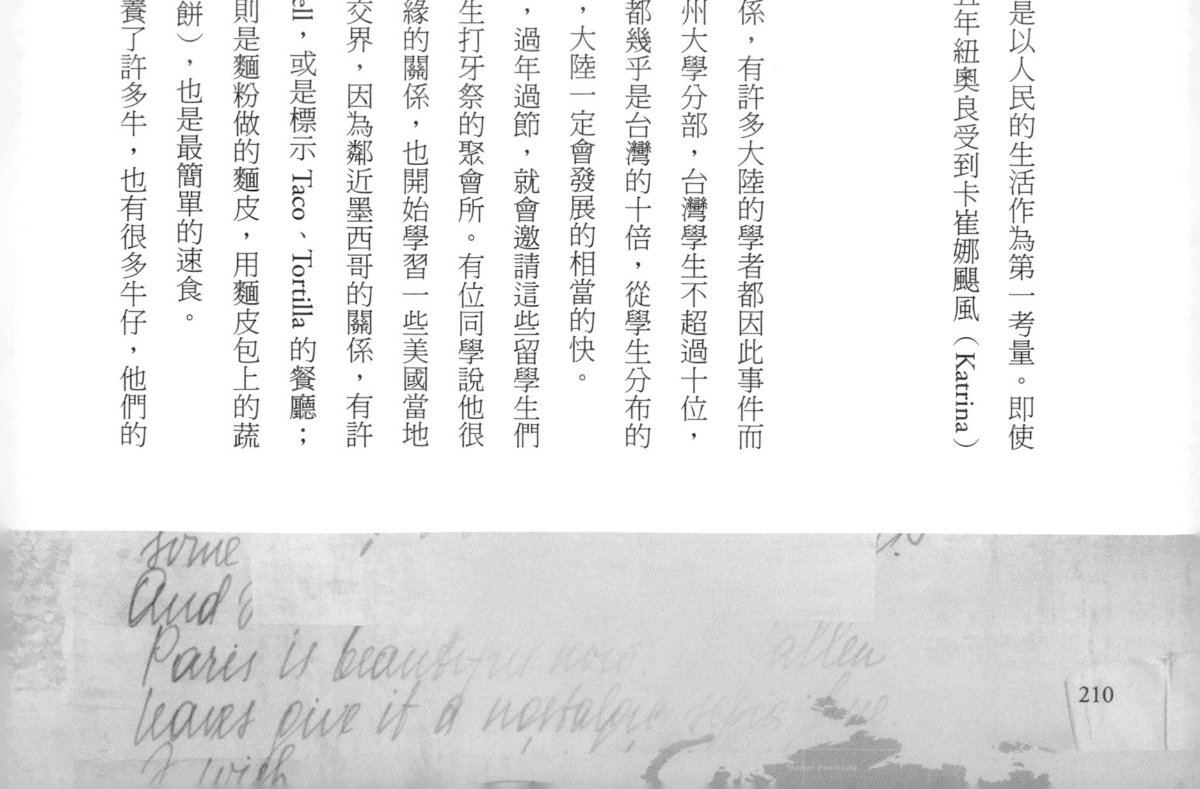

CEMETERIES
CANAL
04
2002

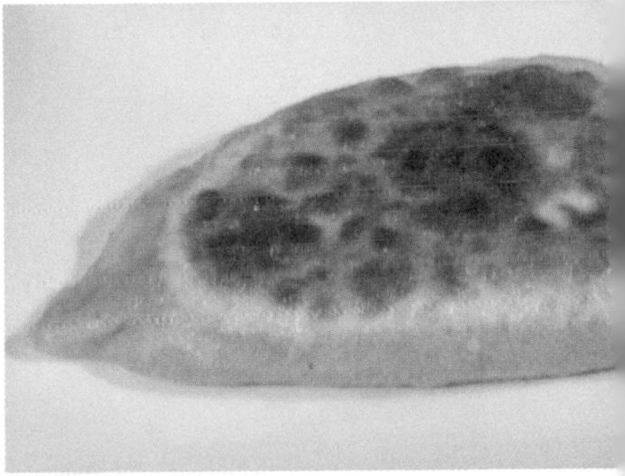

Cookin' Cajun
COOKING SCHOOL
NEW ORLEANS

Full Color
$4.99
One Color
$4.30

食物就是大塊吃肉，烤肉相當盛行，可以吃到很多大塊的牛排及各式烤肉。在德州除了學他們烤肉烤牛排，另外學習了一些墨西哥的食物，最常做的是 fajita（法士達），回到台灣去了一些墨西哥餐廳，總覺得味道不道地，後來發現最重要的是牛肉選擇的部位不對，要選擇牛腹部的肉 skirt steak（橫膈膜外部），先用香料醃一晚再煎到適合的熟度，沾料包括酸奶、莎莎醬（裡面要有墨西哥辣椒 Japenelo）與 Guacamole（駱梨醬），配上快炒香料醃好的三色椒，用墨西哥捲餅包起來才是完美的 fajita。

到紐奧良拜師學藝

在美國最大的文化休克（Culture Shock），應該是下課時候，好朋友們一起聊天的話題，美國的朋友們星期一的晚上通常會聚在一起看美式足球，下課前大家就拿一塊美金，賭看看今天晚上哪一對會贏，我們對美式足球的歷史和明星們並不熟悉，所以經常插不上話題；在一九九三到一九九五正好是德州牛仔隊最強盛的時候，我開始了解

了四分衛特洛伊．艾克曼（Troy Aikmem），跑衛如何的傳球欺敵及達陣。不論是在酒吧或是在現場觀戰，都是美國人最大的休閒生活之一，運動已融入生，難怪美國是奧運金牌大國。

美國地大物博，有五十二州，融合世界許多的文化與食物，實驗室裡就有相當多不同國籍的人聚在一起。美國會如此的強大，跟許許多多世界上不同的人才匯集到美國做研究有絕大的關係，人才帶來智慧、財富，也帶來很多不同的文化和食物。德州隔壁的路易斯安那州就是一個很好的例子，在首府紐奧良就有兩種截然不同的法國食物，一是Cajun（卡郡），一是Creole（克里歐），是之前法國移民在紐奧良留下來兩系不同的法國食物。

另外，在老市區裡搭電車就好像電影「慾望街車」的場景，回到那迷濛的過去；走到法國區喝一杯咖啡Latte（拿鐵），叫一個Beignet（紐奧良蝦子圈餅），看著建築的花窗與欄杆，就好像回到法國。Cajun的食物有相當多的香料，搭配這些香料到食物裡是Cajun料理的精髓。在課餘之暇，也到紐奧良拜師學習他們的料理，了解Cajun料理的做法。

Cajun人本來由法國移民到加拿大後被英國人趕到南部，他們的食物包括烤肉及各種水煮的海鮮，尤其是螃蟹、蝦及小螯蝦加上Cajun的醬汁。另外在路易斯安那一道很有名的料理叫Gumbo（秋葵濃湯），很像我們的飯澆上燴汁，Gumbo的燴汁

製作相當費時，要先炒奶油麵粉及做秋葵濃湯，另外準備肉或海鮮及洋蔥，青椒及西洋芹，燉好濃湯後加肉或海鮮，最後加蔬菜、香料調味，上桌前加胡荽葉，燴在飯上。

至於 Creole 料理是另外一個派別的法式料理，有混合西班牙及非洲菜的文化，像街上有名的 Bignet 就是 Creole 料理。另一道 Jambalaya，很類似西班牙海鮮飯，或是義大利燉飯，內有西班牙香腸、豬肉、雞肉、蛤、蝦、洋蔥、青椒、西洋芹，它與西班牙海鮮飯不同，並沒加蕃紅花而是加蕃茄著色，配料煮好加米及高湯煮熟即可，是紐奧良非常普及的料理。

中南美洲料理，最常見 Empanada 暖胃

在美國東南角的邁阿密，接近中南美洲。雖然美國與古巴斷交，在邁阿密有許多古巴的後裔，有很多中南美洲的料理，其中最常見的是 Empanada，很類似我們的咖哩餃，顧客上門店家就會先來一個 Empanada 暖暖胃；Empanada 有用烤的也有用炸的，麵皮裡面的內容物可以是起司、牛肉或羊肉，每一家餐廳都有自己的特色 Empanada。在邁阿密開車沿著海岸公路一直到最南端，可以到達阿諾史瓦辛格演的「魔鬼大帝」，飛機追擊壞人，汽車沿著一個個小島由跨海大橋相連結的場景。到了最南端就是基韋斯特（Key West），也就是海明威住的地方；在海明威最常去的酒吧，喝一杯他愛喝的 Mojito（莫希托），看著蔚藍的海，頓時會有他小說中老人與海的感覺。

法士達 Fajita

材料：酸奶（用現成超市買的）、起司 Queso Fresco（若沒有，則用 Cheddar 刨絲）、墨西哥薄餅、牛小排（Skirt Steak）、洋蔥及三色椒

莎莎醬：蕃茄、紅洋蔥、胡荽葉、奧勒岡葉、墨西哥辣椒、鹽、胡椒、小茴香

酪梨醬：駱梨、鹽、胡椒、碎紅洋蔥、檸檬汁、胡荽葉

醃泡牛小排的醬汁：橄欖油、蒜頭、伍斯特醬（Worcestershire Sauce）、檸檬、小茴香、辣椒粉、紅辣椒片、鹽、糖、胡椒粉

做法：❶先將牛小排以調配好的醬汁泡一天。❷食用前用大火煎牛小排，一面約 2 分鐘，煎成 5 分熟，切片。❸將洋蔥及三色椒切成小長條，浸泡在牛排醬汁中。起油鍋，用大火快炒，維持椒的脆度不用太軟。❹食用方式：在墨西哥薄餅上加炒好的蔬菜、牛排切片、莎莎醬、酪梨醬、酸奶，再刨上起司，即可捲來吃。

紐奧良蝦子餅 Beignet

材料（10 人份）：2 杯中筋麵粉、2 小茶匙泡打粉、2 小茶匙磨碎薑、1/4 杯切碎的大顆紅椒、1 茶匙蒜末、1 又 1/2 杯煮好的蝦子、4 根蔥切碎、3 匙西洋香菜切碎、3 滴辣醬、1 又 1/2 杯煮蝦的水

做法：❶煮蝦：鍋中熱油將蝦子放入，加入 1 茶匙紐奧良 Cajun 綜合香料，加上熬蝦頭的高湯，煮約 3 ～ 4 分鐘。❷將蝦子取出濾乾，湯汁備用做圈餅。❸除了湯汁及辣醬，先將備料混合，再逐步加湯汁使麵糊成為鬆軟黏手狀，放 15 分鐘。❹炸圈餅：將油熱到攝氏 170 度，用湯匙挖麵糊放入熱油炸到金黃，撈起濾油即可沾醬食用。

莫希托調酒 Mojito

材料：蘭姆酒 40 毫升、砂糖、甘蔗汁 15 毫升、檸檬汁 15 毫升、薄荷葉一把、蘇打水

做法：❶先將薄荷葉、砂糖、檸檬汁共搗，加入蘭姆酒、甘蔗汁混勻。❷最後加上蘇打水成一杯，放一些薄荷葉入內裝飾，杯口可以抹一些鹽，即可飲用。

墨西哥餡餅 Quesdilla

在美墨食物上很常用墨西哥餅加了 Cheese 和料，可以是蝦子、雞肉或牛肉，再去煎烤就可以成為類似比薩的墨西哥餡餅 Quesdilla，餡餅可切塊加上 Salsa 或是酪梨醬一起吃，就是個小朋友很愛吃又健康好做的食物。

材料：2 杯中筋麵粉、1/4 杯無鹽奶油或橄欖油、1/2 茶匙鹽、1/2 茶匙烘焙蘇打、1 杯溫水（以上是餅皮材料）。Queso 起司、莫札瑞拉起司、莎莎醬、酸奶、酪梨或酪梨醬

做法：❶墨西哥餅皮目前在台灣的超市算是普及了，可以輕鬆買到。若想自己做，參考做法 2。❷首先將麵粉過篩，逐加入油、鹽、蘇打，用叉子先拌成顆粒狀，這時加水用手拌成麵糰，再揉約 5 分鐘，醒麵約 30 分鐘，將麵糰均分成 8 到 12 個等份，用擀麵棍擀圓薄；這時可以開始熱鍋，在美南或是墨西哥他們有專門的煎盤，其實用平底鍋也可以，用中火煎到一面黃且中間空氣隆起，再換面，煎好放在容器中保溫。❸煎好的餅皮可以用一張切開或是兩張，中間放喜歡的料先炒好放在餅皮上舖平，最後加上 Queso 起司或義大利的莫札瑞拉起司，進入烤箱或是平底鍋小火煎到起司融合，再切片，上面加莎莎醬（Salsa）配上酸奶（Sour Cream）及酪梨或酪梨醬一起吃。

土耳其

Turkey

東西熔爐，既衝突又搖擺，也是迷人！

土耳其菜是世界上除了中菜、法菜之外的另一大菜系。逛大市場、甜點店時，會被五顏六色的香料、醃漬食品，和各種乾燥泡茶花卉、甜點、軟糖、乾果迷惑到不知從何下手；多元化的擺設，更讓人覺得在這裡買菜，一定可以做出很精采的料理。

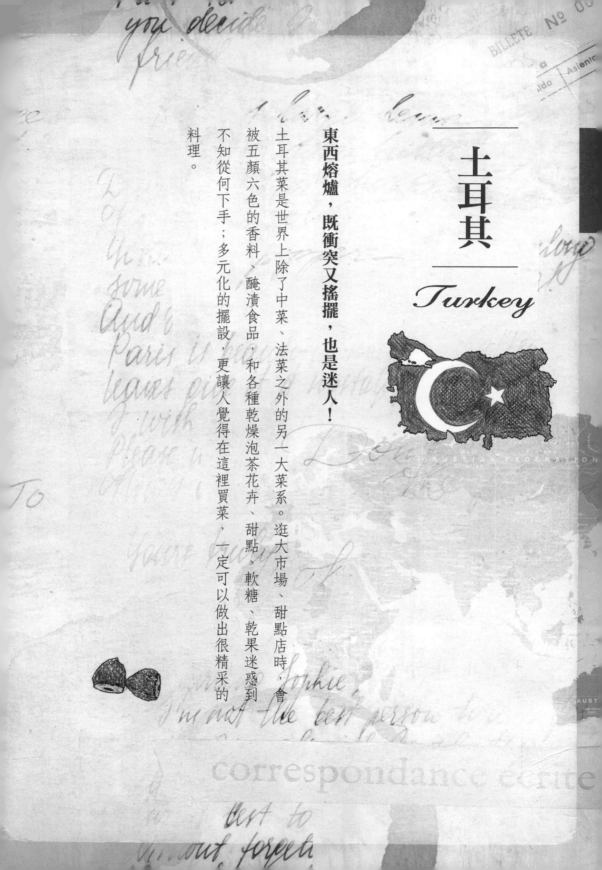

土耳其有台灣的二十五倍大，人口約八千萬，位居歐亞的交界，自古以來就是文化衝突的交界點，西元前開始的希臘羅馬文化後來成為以回教為主的鄂圖曼土耳其帝國，甚至連蒙古及突厥也曾在此有留下痕跡；戰爭衝突、新舊交替、左右搖擺即使到今天還是一樣，但這也是它迷人的地方。木馬屠城的兒時神話故事，鮮然在特洛伊城浮現；伊茲密爾（Izmir）的羅馬柱寫著二千年前的故事；街頭上蒙著面的、身著洋裝的女性交替的出現；一天五次清真寺傳來的喚拜聲，餘音繞樑，不斷的提醒著向真主的榮耀致敬，及反省自己的罪過，提昇自己的靈性。

對伊斯坦堡充滿兩極的情感

伊斯坦堡對我而言就和土耳其一樣，充滿了兩極的情感。二〇一五到土耳其接受癲癇世界社會貢獻獎時，曾和過去許多一同工作的外國朋友聊聊過去，充滿了感恩、感謝的情緒；但就在入住的市中心、最熱鬧的伊斯提克拉（Striklal）街道附近旅館的周邊，隔年竟受到恐怖炸彈攻

擊，死傷不少人。耳邊依稀仍有旅館外清真寺和平的呼喚聲，但怎麼一下子突然轉變成爆炸聲和裝甲車的鈴聲；因為過去的工作一直在幫助人而處在受獎感恩氛圍中，突然間變成了殺戮的場景……深深感到人類的衝突實在是不容易消除。

人在旅行中，在安全上的觀察確實是很重要的一環。記得當時受獎的地方是伊斯坦堡的國際會議中心，進入中心時有荷槍實彈的保全，就像進機場一樣要檢查行李和搜身，這和在台灣輕鬆進入會場的方式大不相同；區域的緊張和炸彈客，在歐洲近年是揮之不去的陰影。有一次在會場周邊，我就突然觀察到兩位背著擦鞋器具行走的擦鞋工，突然掉落下他的鞋擦在我身邊；由過去的經驗，會覺得很不尋常，這是他們的吃飯工具，怎麼會突然掉落，也就不管他。後來又碰上這個場景時，我就在一旁觀察，會來會議中心的是來自世界各地的醫生們，他們大概也沒想到這掉鞋擦是怎麼一回事，有些人就會好心的將鞋擦撿起來，這時擦鞋工就會要幫你擦鞋、收錢，如果你不想擦，

另一位鞋工就幫腔作勢，讓這生意達成。在旅行中，有不少人會運用你幫助人的善念，反而利用了你，其實現實社會不也是如此嗎？

逛大市場讓人覺得，一定可以做出很精采的料理

土耳其因為有各種不同的文化交流，食物色彩繽紛；土耳其菜是世界上除了中菜、法菜之外的另一大菜系。逛大市場、甜點店時，會被五顏六色的香料、醃漬食品，和各種乾燥泡茶花卉、甜點、軟糖、乾果迷惑到不知從何下手；多元化的擺設，更讓人覺得在這裡買菜，一定可以做出很精采的料理。

最有趣的是看到魚市場擺的魚，紅色的鰓翻在外，告訴客人我是最新鮮的，快來選我吧！蔬菜在地中海國家也是重要的食物，多種多樣的蕃茄、茄子蕃茄、香草、各式各樣醃漬的橄欖，和曬乾的辣椒、杏桃乾等，市場內掛得琳瑯滿目。

在靠近地中海的地方，也有豐富的海產及地中海型食物，內地則以肉類為主。一般來說，最常吃的食物大概是烤肉了；沙威瑪是街頭巷尾隨手可得的食物，切個肉、夾些蔬菜和醃漬蔬菜是最普遍的午餐。烤肉也有其他、不像台灣一般的烤肉或是韓日系烤肉，他們是在餐廳裡放一個大烤

SOMON

爐，客人就坐在爐邊，邊看廚師烤肉，邊由廚師取下剛烤好的食物，有肉有蔬果，配上新鮮蔬菜和醬料，大塊朵頤一番。

土耳其另外比較重要的菜色是宮庭菜，顎圖曼土耳其帝國時代，蘇丹王室的菜色也是現代的餐廳做土耳其傳統菜的依據，主要是前菜（*Mezze*）、主菜、飯類與甜點。各色各樣的醃菜、起司和鷹嘴豆泥等是前菜的要角。

朝鮮薊也是地中海食物中很棒的前菜，它酸酸的口感挑起了食慾，配上烤得軟嫩的羊腿及土耳其飯（Pilaf），格外搭配。侍者告訴我這朝鮮薊是先泡檸檬麵粉水，改變它的顏色，其他的胡蘿蔔及馬鈴薯，也先浸麵粉水後拿出與朝鮮薊一同加入，以油炒香的紅葱頭及糖鹽讓其煮二十分鐘，再加青豆及蒔蘿裝飾擺盤。至於羊膝的做法，則是奶油爆香洋蔥至金黃、加入蕃茄糊，羊膝得先炒香一會兒再燉一小時，然後煎香茄汁片及蕃茄片，放在烤盤羊膝肉上，並倒入燉汁、入烤箱以攝氏一八〇度烤二十分鐘。就可以烤出幾乎沒有羊騷味的羊膝肉了。

地中海邊喝花茶、吃點心，當地人非常快樂的享受！

飲品部分，中東地區的朋友們很愛紅茶，在各地的大街小巷裡都有紅茶店，發音就是我們的

「茶」，這應該是古代東方來的名稱沿用下來的吧！紅茶是他們日常生活中相當重要的一環，不管早、中、晚飯，飯後就是一杯紅茶，紅茶的杯子大部分不是西方優雅的瓷杯，而是小小透明的鬱金香型玻璃杯；茶色在杯中紅得發亮，侍者通常會丟一塊方糖在旁邊，有人不加糖，但加了糖茶味更香濃，若不加糖配上甜點，也可以讓紅茶的香醇充分表現。

在台灣，冰紅茶消費得比熱的還多，土耳其就幾乎都是熱紅茶，而且煮法也很有趣，是用一種雙層壺，上層放茶葉，下層開水，茶葉那層水較少，煮好後侍者會問強（Strong）或淡（Light）來決定上下層各加多少在杯子裡。

至於花茶以蘋果、玫瑰最多，在地中海的海邊泡一壺花茶，吃各式各樣的漂亮小點心，該是當地人非常快樂的享受吧！另外，聽說花茶也是健胃整腸的良方，不過玫瑰花茶有拉肚

子的效果，多放的話要注意下痢，的確是可以用來幫助便祕。

在土耳其喝咖啡，經驗也很特別，咖啡大部分是磨得很細的；現在的街頭上偶爾有各地的精品咖啡，店裡面也有摩登的日本V 60手沖壺，店員可以很優雅的泡一杯你挑選的豆子。傳統土耳其咖啡沖煮的方式大不相同，它是把咖啡放在煮壺裡煮，然後連咖啡渣一起倒入杯中，等咖啡渣慢慢沈澱後再喝上面的咖啡，以前還有拿剩下的咖啡渣來算命的遊戲。土耳其咖啡和紅茶都一樣充滿了濃郁的香氣，濃郁的咖啡配上巴拉瓦餅（Baklava），蜂蜜和堅果內餡的香把咖啡的口感，整個勻稱起來。

酒，在回教徒，則是禁止的。《可蘭經》有明示：「信道的人們啊！飲酒、賭博、拜偶像、求籤，只是一種穢行，是惡魔的行為，故當遠離。」因此，在一般的地方是買不到酒的，但是和西方的很接近，現在在大都市偶爾也可以看到賣酒甚至品酒的地方，不過一般人還是不會接觸這些東西，這也是一種文化的衝突吧！

在伊斯坦堡街頭小巷子的小酒吧裡，也意外發現土耳其種植了和西方一樣品種的釀酒葡萄（也有自己種的原生種），完全打破了我原來對這個國家在酒的品嚐上的看法；選了數種紅酒品嚐，雖然沒有義、法生產的傑出，但平易近人。

土耳其還有一種叫Raki的飲料，透明色加了冰塊就變成乳白色，和西班牙的Anise、法國的Sambuki及希臘的Ozo完全一樣，應該也是茴香酒，據說這是他們的國民飲料，喝起來有點像我們的感冒糖漿，茴香的味道非常的香。

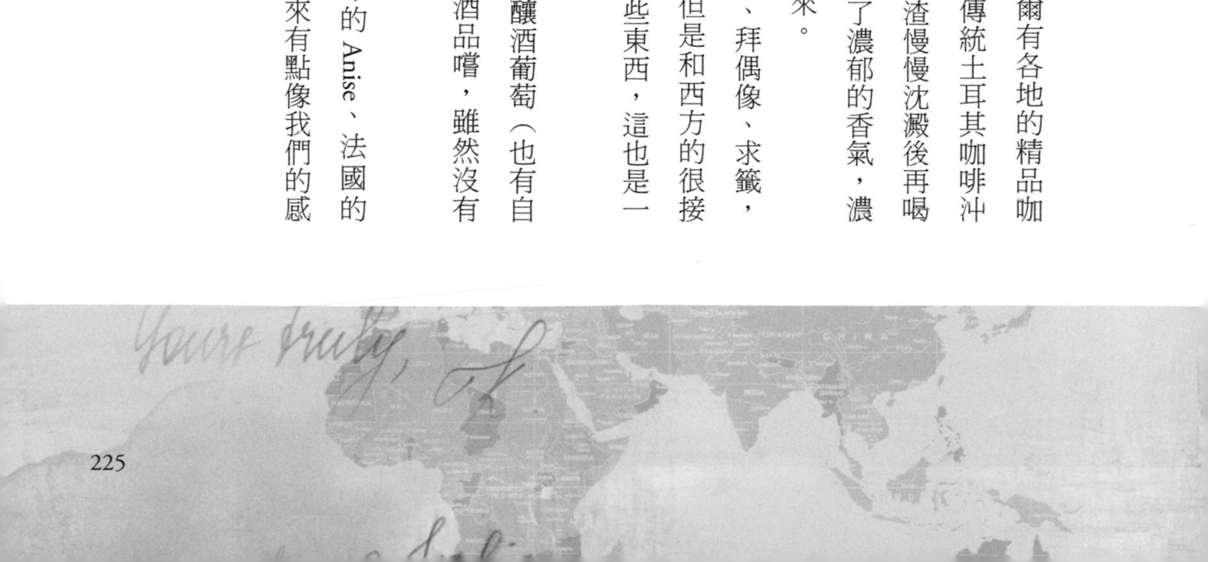

來份綜合甜點結尾吧！飯後到大市場挖寶

飯後，來份土耳其綜合甜點配上土耳其紅茶最對味了，印象中，從十幾樣甜點裡挑幾樣來試試，每種都會有一種口感的驚喜，最令我感到訝異的是這黑黑的一顆東西，咬下去外邊稍硬但內心綿密，香香甜甜的，問了一下侍者，他說這是栗子，是法式做法——以前小仲馬筆下茶花女最愛吃的甜點，口感真的驚為天人，決定回台灣後一定要試試看把它做一遍。

酒足飯飽後，走到了大市場逛逛，每條小巷擠滿了人，真可謂摩肩接踵，每間小店都吸引人的目光，五彩繽紛的盤子和燈飾，讓人忍不住想停下來買幾個回來。走到一個小攤，突然吸引了我的目光，這好像台灣的夜市在煎什麼餅，但是用漂亮的盤子裝著，好迷人啊！決定坐在人群中的小板凳吃它一個。煎的焦香的餅皮外面灑滿了開心果磨成的粉粒，看來是開心果；煎的香香的，原來是一絲絲的酥餅皮中間夾了乳酪，然後淋上玫瑰糖漿，有玫瑰花香、開心果的堅果味，配上酥皮乳酪，實在是太美味了！

走在伊斯坦堡的大街小巷逛，會看到很多禮品店都掛著藍白底、有個黑色眼珠的小吊飾。土耳其朋友送了一個給我，告訴我這個叫做邪惡之眼，戴上它，它會擋住邪靈、吸住邪靈的能量，保護配戴的人。後來我不小心將它掉在地上，缺了一角，朋友說它已經幫你解運，不要戴著了、要丟掉，我就將它留在土耳其的旅館裡了；原來他們也有類似我們的小迷信啊！

Özel peyniri ve
eşsiz tadı ile lezzet
dolu bir deneyim!

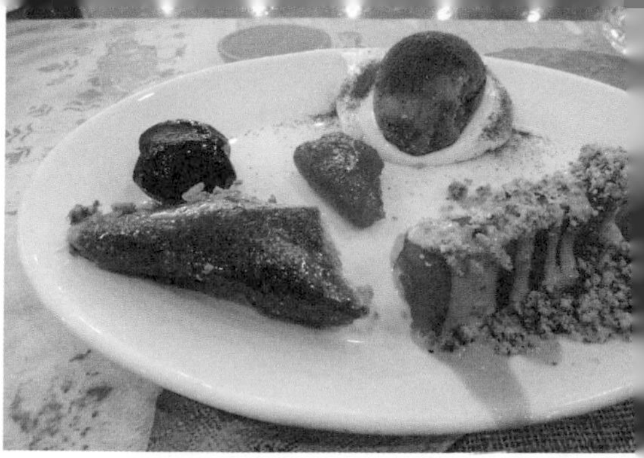

異國的餐桌 9

八方會

回台灣後，對土耳其的主要料理包括前菜（Mezze）、湯、主菜和甜點，都做了一些和朋友們分享；烤肉的部分比較沒有著墨，選了一些典型的土耳其菜來分享。八方會是一群來自四面八方的朋友，雖然是以吃會友，但多年來我們每月相聚、聊吃、聊生活，十年來也和家人一般的感情。在特別的日子和家人及八方會共聚，特別做了一次餐會大家共享，也聊一聊旅行的食物與見聞。

1

土耳其香料腰果（迎賓小點）

先將腰果乾炒約 5 分鐘，取出涼後加橄欖油搖勻，再加入蒜粉、鹽、茴香、匈牙利紅椒粉及凱燕辣椒粉，脆脆的腰果混合著香料，配合上香檳，大家聊聊天，準備一個香料之旅的夜晚。

3

磨菇起司餃 Borek

Borek 是一種以千層皮包內餡然後去烤的食物，源自於土耳其的安娜托利亞（Anatolia），現在不只在土耳其是國民美食，環地中海附近的國家都有他們自己的版本。

材料：洋蔥、蒜頭、青蔥、蘑菇、瑞士乳酪（Swiss）、帕瑪森乳酪（Parmesan）、飛達乳酪、蛋、西洋香菜、胡椒、千層皮、白芝麻

做法：❶先起油鍋炒香洋蔥、蒜頭和青蔥，再加入蘑菇及鹽炒軟，起鍋待涼拌入瑞士乳酪、帕瑪森乳酪、飛達乳酪，及蛋、西洋香菜、胡椒。❷用千層皮捲起來，用麵糊封口，上塗蛋黃、灑白芝麻，進烤箱烤約 15 分鐘。

2

鷹嘴豆泥 Humus

鷹嘴豆泥與香料優格是土耳其當地涼菜中常用的拌醬，可以夾麵包、沾蔬菜，用途很廣

材料：鷹嘴豆、橄欖油、白芝麻糊、蒜頭碎、檸檬、無鹽的優格、奧勒岗、薄荷、羅勒、胡椒

做法：❶鷹嘴豆先泡水一晚，以小火煮軟，剝去外殼加上橄欖油、白芝麻糊、蒜頭碎、鹽及檸檬汁，放入食物攪拌器將之打均勻。❷香料優格（Cacik）：無鹽的優格混入切碎的奧勒岗、蒜頭、薄荷、羅勒、鹽和胡椒。

鷹嘴豆泥製作好之後，用模具灑匈牙利紅椒粉做十字型，再擺綠黑橄欖加上紅洋蔥，像徵土耳其這個受苦的地方，有十字軍東征、兵戎相見之意。

鷹嘴豆泥及香料優格用來沾蔬菜也是非常的對味。仿日式的做法，將小黃瓜去心，剩下的空間溝即可塗滿鷹嘴豆泥，這和日式加上味噌（Misso）有異曲同工之妙。白色的香料優格配上紅色的日本小紅胡蘿蔔，甜甜的胡蘿蔔被微酸、有香料味的優格挑起大餐一頓的味蕾。

5

扁豆茄子湯（湯品）

扁豆湯是地中海周邊國家常見的湯，在土耳其常見的是紅扁豆湯，上面用炒過的茄子或優格來裝飾，扁豆因其形狀是圓的，象徵圓滿，甚至在猶太教是禱告時食用的食物。

材料：洋蔥、扁豆、檸檬汁、茄子、蒜頭、薄荷、匈牙利紅椒粉、薄荷葉

做法：❶扁豆湯：先起油鍋將洋蔥炒成金黃色，加入扁豆、高湯煮沸後轉小火約 50 分鐘，到扁豆軟，加檸檬汁和鹽調味。❷茄子裝飾：茄子先切丁加鹽，放約 20 分鐘；洗淨茄子擦乾，然後放入油鍋炒軟，加蒜頭炒香，再加入薄荷及匈牙利紅椒粉。❸加扁豆湯於湯盤，加上炒好的茄子及薄荷葉裝飾。

4

土耳其香腸 Sosis

香腸（Sosis）是流傳久遠，東西方都有的食物，土耳其也不例外，他們的香腸會多一點香料的成分；而且因為宗教的關係，不是豬肉來灌製，而用羊絞肉加茴香（Cumin）、鹽膚木（Sumac）、大蒜碎、鹽、凱燕辣椒粉和葫蘆巴調味，再灌入腸中。

當天的香腸佐煎烤的鳳梨；鳳梨有焦糖的甜，帶給稍瘦的羊肉香腸滋潤其汁液，並且插上土耳其心型的國旗牙籤，很有土耳其風味。

7

海鮮土耳其麵 Eriste

在土耳其的街頭，還是有機會看到傳統土耳其麵的做法及曬在庭院中的大麵餅。用麵粉加上鹽和蛋，慢慢加入水成為一個稍結實的麵糰；最重要的功夫來了，是要把這麵糰經過幾次的擀開之後，最後擀成一個大圓餅，直徑大約 100 公分大，然後放在平的地方讓它風乾約3小時，再翻面風乾約3小時，這時候再把它切成約 2.5 公分寬的麵條。

材料：橄欖油、蒜末、百里香葉、蕃茄、酸豆、葡萄乾、綠椒、蝦、小卷、酒、麵條、胡椒、肉豆蔻粉

做法：❶用橄欖油將蒜末炒香加入百里香、去皮蕃茄碎、酸豆、葡萄乾、綠椒，炒 2 分鐘再加入蝦及小卷。❷嗆酒加上煮好的麵收汁，加鹽及胡椒調味，最後灑上百里香葉及肉豆蔻粉。

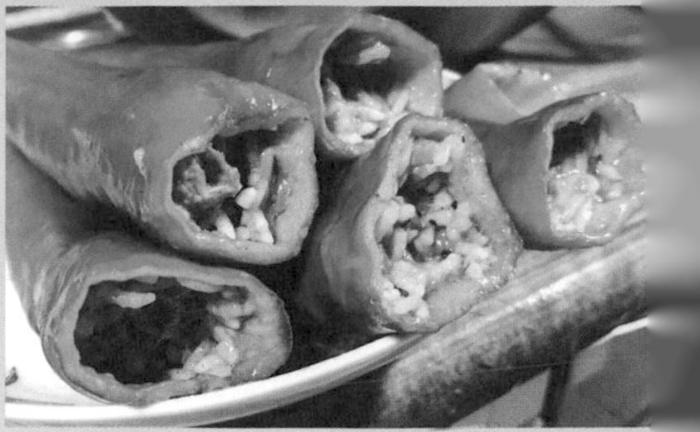

6

土耳其釀椒 Dolmas

Dolmas 是一種地中海蔬果包餡的統稱，常見椒類、蕃茄、櫛瓜、茄子等中間挖起，填入肉類或米飯等食材，冷熱各有不同的做法，和我們的釀苦瓜有相似的概念，土耳其釀椒內容有米飯一盤（是冷菜），可以淋大蒜優格醬汁一起食用。

材料：雞肉、橄欖油、洋蔥、蒜頭、松子、米、辣椒、黑醋栗、糖、肉桂、眾香料、雞高湯、椒

做法：❶雞肉內餡：先熱鍋加橄欖油炒香洋蔥、蒜頭和松子，直到洋蔥變軟，再加入米續炒約 2 分鐘，再加碎雞肉、辣椒、黑醋栗、糖、肉桂、眾香料、鹽、雞高湯，煮到汁已收乾，放涼。❷釀椒：將椒切頭段內心取出，放入已涼的內餡，記得不要放太滿，因為米還會膨脹，放在煎盤中，加入雞高湯，小火約煮 40 分鐘。

9

茶花女愛吃的糖漬栗子 Marron glaces

在 1936 年的電影「茶花女」(Camille)
ㄱ，巴黎交際花 Marguerite 再度與 Armand 相
遇，喜吃糖漬栗子的她以〈Where are my
narrons glacés ?〉為開場白；大家不只在小仲馬
的小說、戲劇，更從電影知道茶花女愛吃糖漬
栗子。

材料：栗子、香草

做法：❶栗子小心的去殼，然後將栗子放入很
甜的糖水中加些香草，第一次以冷水及冰糖先
煮約十五分鐘之後，每天將糖水用很小的火煮
滾約 3 分鐘，然後關火讓它冷卻。❷重覆上面
的步驟 7 天，到最後糖會像糖霜一樣附著在栗
子外，這樣就大功告成了；甜蜜又綿密的口
感，難怪迷倒小仲馬筆下的茶花女。

8

香料羊肉（蘇丹王的最愛）

據說在一個寒冷的夜晚，蘇丹王在皇宮的花園散步，寒冷的夜不像我們跑去找薑母鴨暖身，他走向廚房問大廚有啥好吃，大廚生了火，卻把茄子烤焦，於是趕快去掉焦皮，用茄子內心加了蒜頭檸檬及優格做成醬，用燉好的香料羊肉放在上面端出去給蘇丹王吃；在這寒冷的夜晚，蘇丹王一吃，這有煙燻味的醬汁搭上羊肉，真的是祛寒補身，就成為蘇丹王的最愛了。

材料：羊肩肉塊、洋蔥、蒜頭、奧勒崗、百里香、蕃茄、胡椒、茄子、檸檬汁、鮮奶油、蒜末、橄欖油、西洋香菜

做法：❶香料羊肉：先將洋蔥及蒜頭炒香加入奧勒崗及百里香續炒，然後加入蕃茄、蕃茄糊及高湯，胡椒及切約 5 公分的羊肩肉塊燉煮約 1 個小時。❷煙燻茄泥：茄子先放在火上讓外皮燒成碳，用刀切開把內心取出，拌入檸檬汁、鹽、鮮奶油、蒜末及橄欖油。❸裝飾：先以煙燻茄泥鋪底、上面擺上香料羊肉，最後以西洋香菜及百里香葉裝飾。

10

Kunefe（甜點）

在香料市場擁擠的路邊第一次吃到這令人驚呼連連的甜點，未免也太好吃了吧！它源於巴勒斯坦的那不勒斯，是巴勒斯坦的出名甜典，地中海附近的國家也都有類似的變異型態，像希臘的 Kadaif，它是一層千層絲、一層堅果逐層排起來烤；而土耳其的 Kunefe 是千層絲在上下，中間夾起司，和原來巴勒斯坦的夾奶酪不同。另外淋醬方面也稍有不同，土耳其是淋玫瑰糖漿，希臘以蜂蜜為主。

材料：開心果、千層皮（Phyllo）、乾玫瑰花、冰糖

做法：❶開心果每顆去外殼及外皮，將內心綠色的部分研磨成粉。❷千層皮切成細絲，先在模型底鋪一層，內中夾起司，上面再鋪一層，壓緊成型。❸用小火在鍋上慢煎，一面成為金黃再翻面煎另外一面，也可以放烤箱烤。❹煎好後趁熱淋玫瑰花糖漿，並灑上開心果即可。❺玫瑰花糖漿可以用市售的乾玫瑰花加冰糖，熬煮成為糖漿。

台灣

Taiwan

回到原點，懷念家鄉味——客家菜

新年的時候，則是一年當中有最好的食物的日子，當時帶著雀躍的心情和父親及兄弟姐妹到市場去辦年貨，也帶著媽媽耳提面命的交待，哪樣東西不要忘了，哪一個食材要仔細選擇，大家一起從早上就開始分工做菜，忙一天直到晚上的年夜飯。家人們一起做菜聊天，有菜的做法、學校的功課和人生的道理，成長的過程就始終離不開餐廳，食物與人生就是如此慢慢的成長了。

電影「總舖師」中有一句話：「就算是蕃茄炒蛋，每個媽媽做出來的味道都不一樣，」當然菜背後那份心與那份情，才是最重要的，我們會最懷念小時候家中的味道，這是家帶給味蕾最重要的感覺，當後來要煮東西與大家分享的時候，這也都是心中最重要的信念。

食物與人生都來自家的味道

回想起幾十年前學生時代媽媽幫我準備的便當，在那個物資缺乏的年代，不一定天天有肉，但是媽媽會用麵輪和肉一起燉，麵輪就會有肉的味道，代表了肉。客家人的海味通常來自蝦米魚乾和乾小捲來提味，鹹鹹的小管配飯，麵輪吸滿了醬汁，有那股溫暖感情的味道；鹽小管真的很下飯，年輕的中學生不知不覺就扒完一個便當了。

新年的時候，則是一年當中有最好的食物的日子，當時帶著雀躍的心情和父親及兄弟姐妹到市場去辦年貨，也帶著媽媽耳提面命的交待，哪樣東西不要忘了，哪一個食材要仔細選擇，大包小包買回家，大家一起從早上就開始分工做菜，忙一天直到晚上的年夜飯。家人們一起做菜聊天，有菜的做法、學校的功課和人生的道理，成長的過程就始終離不開餐廳，食物與人生就是如此慢慢的成長了。

客家米粄

小時候過年在苗栗的農村鄉下，還有用柴火的大灶，媽媽會做年糕和蘿蔔糕，小孩們是不能在大灶邊嬉戲，要不然年糕會做得不成功，最高興的事情是年糕剛好，軟軟的，會用筷子偷偷的捲一些來吃，紅糖和米香留下新年最快樂的期盼。

過年後到四月前，是客家人清明祭祖的日子，清明最重要的食物是米粄而不是春捲，內餡要用紅蔥頭、蝦米、香菇、豬絞肉去炒香泡好的蘿蔔乾和豆乾，才完成內餡；但往往在還沒包好時，內餡就被我們偷吃了，它鹹香的味道令人食指大動。每年媽媽最在意的是粄皮的Q軟度，會說今年到底混的糯米和再來米比例對不對，皮好不好吃，讓我們對皮的做法充滿了敬畏！

材料：糯米、再來米、蘿蔔乾、香菇、蝦米、紅蔥頭、豆腐乾、豬絞肉、醬油、米酒、粽葉

做法：❶外皮：糯米 40%，再來米 60%，若沒有辦法磨，用米粉適量加水及鹽，直到可以揉成米糰，切成小塊，用手壓成圓形。❷內餡：蘿蔔乾、香菇、蝦米這三樣先泡好切小丁，紅蔥頭切碎末，豆腐乾切丁。❸豬絞肉：先將豬絞肉炒香取出，用餘油爆香紅蔥頭再加入蝦米，香菇炒香最後加入蘿蔔乾及豆腐乾丁，加些醬油及米酒收汁，待料涼後，用外皮包入做成餃子狀，放在抹油的粽葉上，蒸約 30 分鐘即可。

釀豆腐

逢年過節家裡面最重要的菜色則是釀豆腐，這道菜手續複雜要花好幾個小時才能做好。從小父親會在旁指導哪個步驟不對了，要注意什麼，大家分工合作、備料、包好、煎、燴、燉、洗菜葉到最後能包豆腐吃，成為全家總動員、但也是凝結家人感情最重要的時光。

釀豆腐是客家名菜之一，甚至有人封它為客家第一名菜，看似平凡的豆腐卻蘊含豐富的味道，在大陸的廣東、越南、馬來西亞及新加坡的華人社會都會見到這道菜，各地的做法用的豆腐及內餡稍有不同。譬如在馬來西亞，比較常用炸過的豆腐角來釀肉，而家中則是用板豆腐；板豆腐又分成兩種，一種質地較軟，另一種較為硬，都可選用，用軟質做較為困難，但是燉了之後豆腐的口感極佳。

這道菜講究的是山海味，山是指豬肉，海則是指蝦米及鹹魚，燉的湯底方面的山則是指雞高湯及蔬菜當底，海則是貝殼類的鮮的山海混合；做法中比較困難的是要將切成小塊的嫩豆腐先將之夾一個洞，然後慢慢將餡料放入而且從頭到底餡料要貫穿，但是豆腐不能破，之後將釀好的豆腐放在平底鍋中小火煎成黃色，再翻面續煎，不要讓豆腐破掉。小火煎大約 15 分鐘，接下來是燴的過程，調好醬油、太白粉及水，加入煎好的豆腐讓它燴幾分鐘，再倒入有蔬菜墊底的燉鍋中，加入雞高湯及貝類的湯汁灑蔥花續燉至少 20 分鐘以上，讓內餡煎香的味道和湯底能讓豆腐吸收，這樣才完成一道好吃的釀豆腐。

材料：嫩板豆腐、豬絞肉、蝦米、鹹魚、蒜末、魚漿、蛤、青菜、醬油、太白粉、雞高湯、蛋、鹽、蔥、生菜、蒜蓉辣椒

做法：❶鹹魚先煎香，再拌入切碎的蝦米、蒜末、魚漿及豬絞肉，打入蛋加太白粉及鹽，順時針拌好，要注意鹽的量，因為豆腐並不鹹，內餡要有適當的鹹度。❷將豆腐用筷子從一面貫穿到另一面，並將內餡小心放入，要貫穿兩面。❸釀好的豆腐用平底鍋將肉正面煎香再翻面。❹將醬油、太白粉水加入煎鍋，燴約 3 分鐘。❺倒入用青菜舖底的燉鍋，加入雞高湯、蛤及蔥，小火燉 30 分鐘。❻食用的時候可直接吃，或用生菜加蒜蓉辣椒，放入豆腐一起吃。

薑絲大腸

小時候媽媽炒大腸，總是會嘀嘀咕咕說，太硬了、不夠脆、咬不動等等一堆的形容詞，也會千萬交待，鹽巴洗腸子洗完，再用麵粉洗，不要留味道……讓我對這道大街小巷都有的客家料理有點敬畏。長大了常做這道菜，一樣注意洗腸子的工夫，但也學會檸檬的運用，發現除了洗淨之外，下鍋炒前用檸檬先沸過兩分鐘也可以去腥；更重要的是對於味道的體驗，發現檸檬並不酸，但加了一點糖，檸檬就會變成很酸，在接下來炒大腸時也直接省略了用醋的習慣，加檸檬與糖就可取代，也更不用吃到在有些餐廳加醋精來表達那種酸味的化學品了。

材料：大腸、鹽、麵粉、檸檬汁、薑絲、辣椒、青蔥、糖

做法：❶大腸用鹽及麵粉徹底洗淨，然後煮一鍋熱水，沸騰後加檸檬汁約煮 2～3 分鐘，起鍋切小塊。❷準備薑絲、辣椒、青蔥、檸檬汁及糖，用油炒薑絲出味道後加入大腸、辣椒及蔥段約 2～3 分鐘，到喜歡的脆度及柔軟度。

福菜扣肉

在客家的菜餔裡除了醃蘿蔔，醃高麗菜、醃長年菜都扮演很重要的角色，長年菜可以做成酸菜及福菜等用以保存，其中福菜扣肉就是很重要的一道家常菜。福菜醃久陳放之後會有時間帶給菜的風味，它的甜度及酸度也會改變，做這道福菜扣肉，可以混合老一點的福菜和新做好的福菜，會有層次的香味。

材料：福菜、蒜末、糖、醬油、三層肉

做法：❶做好這道菜，最基本的是要把福菜清洗乾淨，因為曬福菜時可能會留下一些沙子在葉子上，老的福菜又可能一洗就碎了，所以要先小心一點泡福菜，接著一葉一葉仔細的去沙。❷將福菜切成小塊再加蒜末、糖及一點醬油炒香。❸三層肉切好煎過並炒糖色，讓三層肉色澤及口感定型，三層肉鋪大碗底上覆蓋福菜，用大火蒸，讓福菜的香味進入三層肉有融合的味道，上桌時翻轉盛盤、加綠色裝飾即可。

客家小炒

每次在餐桌上家人討論的是這次客家小炒魷魚的硬度炒得如何，有人喜歡魷魚泡發一點，炒起來軟中帶一點硬，但有人喜歡炒久一點，魷魚有點焦香，有嚼勁；豆腐乾也是一樣，要不要先煸香過、煸的程度都有不同的喜好。唯一沒有爭議的是三層肉絲要切得厚一點，然後把油煸出來、把蔥白炒香，然後讓蔥油香能讓肉絲、豆腐乾和魷魚都吸收保滿，至於紅辣椒和芹菜就只是配角增色及增香了。

長大之後，發現炒好之後熟成的概念也是很好，炒好後冰一天，讓油香能入味，第二天除去多餘的油脂，新鮮的蔥白用橄欖油炒香再加入已熟成的客家小炒，風味更不是一般快炒店能夠炒得出來的味道。

材料：乾魷魚、豆腐乾、蔥、三層肉、芹菜、紅辣椒、醬油、橄欖油

做法：❶乾魷魚先泡水 6 小時，然後切成小條狀與豆乾同一長度，豆腐乾切成條狀然後下油鍋小火略炒約 3 ～ 4 分鐘。❷蔥切蔥白及蔥綠部分，五花肉切絲也與豆乾同一長度，先將三層肉煎香，豬油逼出續加入蔥白，炒出蔥白的蔥油香味，再加魷魚炒香到喜歡的硬度，加上已處理好的豆腐乾，芹菜、紅辣椒及適量的鹽、少許的醬油。❸炒好後可以先冰一天，第二天再先以橄欖油炒蔥白及蔥綠段，加入去白油的隔夜客家小炒。

客家鹽焗雞

也是客家菜排名前三名的菜色。

材料：雞肉、香料

做法：雞肉要先抹鹽風乾、抹香料，並塞料在雞內，然後用紙包好，以炒香的粗鹽焗烤到肉剛熟的地步，是一道相當有難度的菜色。

客家湯圓

不管是在節慶或是冬天的時候，來一碗客家湯圓都是最溫暖的，通常是用紅白小湯圓，但也是可以用包有餡料的鹹湯圓來煮。客家人的湯圓在湯頭上少了幾個重要的元素，像是三層肉；香菇、蝦米以及油蔥酥是必要的組合。

材料：三層肉、蝦米、香菇、茼蒿菜、油蔥酥

做法：將三層肉炒香再加入蝦米、香菇爆香，加水煮滾再下湯圓及茼蒿菜、油蔥酥，這樣湯才有濃厚的山海味。

異國的餐桌 10

客鄉義廚

朋友們對於客家菜能否變成西方的餐會十分感興趣，於是構思了將常見的客家菜以西菜來表現，辦了一個餐會，對於原來的味道和西方擺飾也做了一個新的詮釋；能夠將家中普通的食物加以蛻變及創意，是很有趣的過程。以下是餐會的一些構想與呈現。

1

釀酒梅（開胃小點）

梅子酒經過一年的釀造，酒可以裝瓶收成，再陳年貯存，至於剩下的酒梅則是很好的開味小點心，酸酸甜甜的，有點酒味，搭配氣泡酒是一個很好的開場食物。每年四月是台灣梅子盛產的時候，用泡酒的方式可以享受各種不同的基酒，如米酒、伏特加或白蘭地和梅子的交響，也可以用自然發酵，享受單純的梅香。

1. 豬五花
2. 醃料
鹽. 糖. 蒜頭. 花椒. 八角(粉)
黑胡椒(粗粒) 五香粉 (一點) 沙薑粉 (一點)
醬油. 米酒
3. 作法 1. 豬五花. 抹上醃料
2. 冰箱放兩天
3. 拿出. 先蒸. 再烤

沾醬. 檸檬. 蒜頭, 下配蘋果. 蒜苗 (醃酸甜)
切薄片
肉 上淋醬 蘋果
(parsley)

2

客家鹹豬肉（前菜）

客家鹹豬肉是配酒的常見家庭小吃，在餐會中要把這家庭小吃轉成為上廳堂的西菜，在肉的主體上、味道的掌握，以及配菜要能夠搭配香料醃漬後的肉質及烤後的肉香。選擇了醃漬蘋果及傳統的蒜苗當裝飾。

材料：豬五花肉

醃料：鹽、糖、蒜頭、花椒、八角粉、黑胡椒粉、五香粉、沙薑粉、醬油、米酒

做法：❶豬五花先抹上醃料，於冰箱放兩天。❷醃好後，先蒸 20 分鐘，再放入攝氏 175 度烤箱烤。❸佐料沾醬：檸檬汁與蒜末。❹蒜苗、醃漬蘋果作為肉的配菜。醃漬蘋果用蘋果先浸鹽水，再加檸檬、糖浸約 30 分鐘，切成條狀作為配料。

3

梅子酒渣雞湯（湯品）

梅子雞湯用醃漬酒後的酒梅來做，有酒梅的酸甜度並且有酒香，非常的合適；酸度的展現卻需要時間來呈現。將雞高湯先做好，放入梅酒渣，慢燉 3 小時讓梅子的酸味能夠呈現，梅子在小火慢燉後呈現的酸度配合雞高湯十分溫和，在提味上，不管冬夏都非常合適。

材料：雞骨架、洋蔥、紅蘿蔔、芹菜、蘋果、梅酒渣、高麗菜、雞腿肉、魚丸

做法：❶雞高湯：用雞骨架加洋蔥、紅蘿蔔、芹菜、蘋果、梅酒渣加水燉 3 小時。❷煮好的高湯加入高麗菜先煮 30 分鐘，再加入雞腿肉約煮 30 分鐘，最後可以加入魚丸增加風味。

4

明蝦桔醬水煮肉

桔醬是客家人很重要的沾醬，主要是用來沾水煮三層肉，記得公視有一部戲「桔醬的滋味」，描述客家母親為了兒子快回家，熬夜煮桔醬讓兒子能享受帶回家的味道，是部賺人熱淚的情節。許多客家家庭都有自家的桔醬滋味，餐會中要表達桔醬與肉，另外也融入現代的蝦子煮法，配合三層肉展現山海之混合滋味及與桔醬的搭配。

材料：明蝦、三層肉

做法：❶明蝦：去頭、去殼、去沙腸，麵線先泡軟，將明蝦捲好入攝氏 170 度油鍋炸熟。❷三層肉：置入滾水中滾 20 分鐘，放涼切片。

5

薑絲大腸

一般的薑絲大腸並不容易在西菜中呈現，因為並不好看。想了數種方式，其中一種想法是像台南雞捲的方式，將薑絲炒大腸捲在豬腸系膜中去炸然後再切段，但發現內外皆軟質，口感並不突出；倒是用春捲的做法，將薑絲炒大腸放在豆腐皮中包好去炸，外面脆脆的、皮內餡酸酸的大腸，極為搭配。

材料：薑絲、大腸、豆皮、麵粉

做法：❶薑絲炒大腸其做法如前述，炒好後放涼。❷將豆皮用水浸濕鋪平，放薑絲大腸，內餡包好用麵粉水封口，置於攝氏 150 度左右油鍋，炸到豆皮成為金黃色。

6

客家釀豆腐（主菜一）

在客家餐會裡，第一名的客家菜要如何上桌才能展現它的風華，是要費一番功夫。這道菜的本身及外觀並不起眼，它蘊含的是菜的滋味，由平淡的豆腐中吸收了風華，並有那份數小時小心翼翼的功夫。

材料：豆腐、蒜蓉辣椒（沾醬）、鮑魚片、蔥花

做法：❶釀豆腐：如前述將豆腐釀好，經過煎、燴、燉三層工夫。❷擺飾：將沾醬蒜蓉辣椒置於外，豆腐置中，配上燉豆腐的鮑魚片及蔥花。

7

客家小炒義大利麵（主菜二）

客家小炒的蔥油香及魷魚味能融入麵香，是個很適當的搭配，但是義大利麵有相當多的類型，包括長麵、細麵等等；試了好幾種搭配的方式，發現貝殼麵的形狀搭配與吸附油香的感覺最好，最後以貝殼麵來詮釋客家小炒。

做法：❶客家小炒先用前述的做法做好。❷義大利麵先煮到內心仍有點硬度，加入客家小炒及高湯收汁。

8

東坡梅干扣肉

要把梅干變成西方的擺設每人一小份，想了很久；以東坡肉的煮法，然後用千層塔的方式呈現是一個很棒的做法，這樣可以用肉包覆住梅干菜蒸好，讓肉能與菜有融合的作用。

材料：三層肉、醬油、糖、米酒、蔥、薑、梅干菜、蒜頭

做法：❶先做好東坡肉，用整塊三層肉以醬油、糖、米酒、蔥、薑先滷好後冰凍，切薄片。❷梅干菜用蒜頭及東坡肉滷汁炒好。❸取圓椎模形將東坡肉薄片先放入，再把炒好的梅干菜填入模型，蒸 20 分鐘，倒扣入盤即可。

9

九層板（甜點）

材料：500 克糯米粉、500 克再來米粉、紅糖、白糖

做法：❶糯米粉搭再來米粉，加水攪拌。❷一半加紅糖，另一半加白糖。蒸盤中先加紅色的米漿蒸熟之後，再加上白色的米漿，反覆這過程到九層不同的顏色。❸這個甜點以釀的梅酒來搭配。

Eating_ 尋味 01

跟著無國界醫師走進世界廚房

從蒙古到非洲、義大利到台灣，17 國的舌尖美味，世界友誼，愛的醫行路

作　　者：賴向榮
繪　　者：林亭吟
主　　編：林慧美
校　　稿：賴向榮、林慧美
視覺設計：呂德芬

發行人兼總編輯：林慧美
法律顧問：葉宏基律師事務所
出　　版：木果文創有限公司
地　　址：苗栗縣竹南鎮福德路 124-1 號 1 樓
電話／傳真：（037）476-621
客服信箱：movego.service@gmail.com
官　　網：www.move-go-tw.com

總 經 銷 ：聯合發行股份有限公司
電　　話：（02）2917-8022　　傳真：（02）2915-7212
製版印刷：禾耕彩色印刷事業股份有限公司
初　　版：2018 年 10 月
定　　價：420 元
ISBN：978-986-96917-0-3

Printed in Taiwan

國家圖書館出版品預行編目（CIP）資料

跟著無國界醫師走進世界廚房：從蒙古到非洲、義大利到台灣，17 國的舌尖美味，世界友誼，愛的醫行路／賴向榮著、林亭吟繪 -- 初版 . -- 苗栗縣竹南鎮：木果文創，2018.10
256 面；16.7x23 公分 . --（Eating_尋味；01）
ISBN 978-986-96917-0-3（平裝）
1. 飲食風俗 2. 遊記 3. 世界地理

538.78　　107014933